Орочские сказки

오로치인 이야기

<지식을만드는지식 소설선집>은
인류의 유산으로 남을 만한 작품만을 선정합니다.
오랜 시간 그 작품을 연구한 전문가가
정확한 번역, 전문적인 해설, 풍부한 작가 소개, 친절한 주석을
제공하는 고급 소설 선집입니다.

지식을만드는지식 소설선집

시베리아 설화집

Орочские сказки

오로치인 이야기

작자 미상

박미령 옮김

대한민국, 서울, 지식을만드는지식, 2018

편집자 일러두기

• 이 책은 ≪Орочские сказки и мифы≫(В. А. Аврорин и Е. П. Лебедева, Новосибирск: Наука, 1966)를 원전으로 옮긴이가 가려 뽑아 번역했습니다.
• 주석은 모두 옮긴이가 단 것입니다.
• 외래어 표기는 현행 한글어문규정의 외래어표기법을 따랐습니다.

차 례

오로치인 이야기

여우와 왜가리

옛날 옛적에 나무 위에 날다람쥐가 일곱 마리 새끼와 함께 살았다. 어느 날 그 날다람쥐에게 여우가 다가와서 말했다.

"날다람쥐야, 나에게 너의 새끼를 줘."

"안 줄 거야." 날다람쥐가 대답했다.

"도끼로 너를 칠 거야, 쇠꼬챙이로 너를 찌를 거야."

날다람쥐는 겁이 나서 새끼 한 마리를 주었다. 여우는 새끼를 잡아서 숲 저쪽으로 가 먹었다. 다 먹고서 다시 날다람쥐에게 돌아왔다.

"날다람쥐야, 새끼를 줘."

"주지 않을 거야." 날다람쥐가 대답했다.

"도끼로 너를 칠 거야, 쇠꼬챙이로 너를 찌를 거야."

다시 날다람쥐는 겁을 먹고 또 한 마리의 새끼를 주었다. 여우는 또 한 마리의 새끼를 먹고 다시 돌아왔다. 여우는 날다람쥐 나무로 세 번째 다녀갔다. 날다람쥐가 울며 자신의 아이들을 불쌍해했다. 몇 시간 지나서 날다람쥐 집 주변에 왜가리가 앉아서 물었다.

"날다람쥐야, 왜 울고 있니?"

"내가 어떻게 울지 않을 수 있겠니." 날다람쥐가 대답했다. "나의 아이들을 모두 여우가 끌고 가서 먹어 치웠어. 나에겐 새끼가 한 마리밖에 남지 않았어."

"왜 새끼들을 줬니?"

"주지 않으면 도끼로 찍겠다고 하고 쇠꼬챙이로 찌르겠다고 해서. 여우는 우리가 살고 있는 나무를 쓰러뜨려서 모두를 구워 먹겠다고 했어."

"여우가 너를 속였어." 왜가리가 말했다. "여우에게는 도끼도 쇠꼬챙이도 없어. 이제 새끼를 한 마리도 주지 마. 만약 다시 너를 겁주면 '너에게는 도끼도 쇠꼬챙이도 없다고 하던데, 난 네가 겁나지 않아'라고 말해. 만약 누가 너에게 가르쳐 줬냐고 물으면 '왜가리가 가르쳐 줬어'라고 말해."

왜가리는 그렇게 말하고 하늘로 올라가 멀지 않은 곳에 있는 바다 기슭에 앉았다. 이후에 여우가 다시 와서 말했다.

"날다람쥐야, 새끼를 줘."

"안 줄 거야." 날다람쥐가 대답했다.

"너희를 도끼로 자르고 쇠꼬챙이로 찌를 거야."

"너에게는 도끼도 쇠꼬챙이도 없잖아." 날다람쥐가 대답했다. "난 네가 무섭지 않아."

여우는 바로 모든 것을 짐작하고 물었다.

"누가 너에게 그렇게 대답하라고 가르쳐 줬어?"

“바로 저기 왜가리가 가르쳐 줬어.”

그러자 여우는 다시 물었다.

“그 왜가리는 어디로 날아갔어?”

“바로 저기, 바다 기슭에 앉았어.”

그때 여우는 생각했다.

‘어떻게 하지? 가서 왜가리를 죽여야겠어.’

여우는 살금살금 다가갔다. 다가가면서 혼잣말을 했다.

“뒤로 가서 잡아 목을 부러뜨리는 거야.”

살금살금 다가갔다. 무성한 풀 속을 헤치며 아주 가까이에 가서 왜가리에게 달려들었다. 그러나 여우가 폴짝 뛰자 왜가리가 날아올랐다. 날아오를 때 여우는 겨우겨우 왜가리를 이빨로 물 수 있었다. 왜가리의 꽁지 끝을 물었다. 왜가리는 바다로 날아갔다. 왜가리가 날면서 섬을 보았다. 왜가리는 섬 위를 날아다녔다. 여우도 왜가리의 꼬리를 물고 날았다. 그들이 섬 위를 날아다닐 때 여우는 피곤해서 왜가리의 꼬리를 놓았고 섬에 떨어졌다. 그러자 왜가리는 더 멀리, 자신의 고향으로 날아갔다. 여우는 아주 작은 섬에 홀로 남았다. 거기에 앉아 생각했다.

‘어떻게 하지? 어떻게 땅에 떨어진 거야? 이 섬을 돌아다니며 둘러봐야겠어.’

여우는 그렇게 생각하고 섬을 돌아다녔다. 아무것도 발

견할 수 없었다. 여우는 바닷가에 앉아서 울었다. 앉아서 우니 물에서 바다표범 새끼가 나와서 물었다.

"여우야, 왜 울어?"

"우는 게 아니야. 노래하면서 짐승들의 종류를 모두 읊고 있는 거야. 너의 종족은 많아?"

"우리 종족은 많을 거야. 이 작은 바다를 채우고 있으니까."

"그럼 친척들을 전부 데리고 나와 봐. 내가 세 볼게." 여우가 말했다.

바다표범 새끼는 물속으로 사라지고 여우는 기슭에 계속 앉아 있었다. 얼마의 시간이 지나자 바다가 술렁거렸다. 수많은 바다표범이 바다 전체를 뒤덮으며 모습을 드러냈다. 장관인데! 그 바다표범 새끼가 한 말이 맞았다. 바다표범들은 섬에서 기슭까지 땅처럼 완전히, 빈틈없이 뒤덮었다. 여우는 세기 시작했다.

"하나, 둘, 하나, 둘."

바다표범들을 넘어 다니며 세기 시작했다. 여우는 땅 쪽을 향해 뛰어다니며 셌다.

"하나, 둘, 하나, 둘."

여우는 지상으로 뛰어갈 때 바다표범 중 하나의 머리에 곧장 설사를 했다. 그런 다음 뛰어서 땅에 닿자 웃었다.

“여우의 꾀가 10이야, 하하하, 여우의 꾀가 10이라고, 하하하.”

그렇게 여우는 기뻐했다. 그러자 바다표범이 말했다.

“넌 자신이 불리해졌는데 기뻐하는구나. 넌 멀리 가지 못해. 여기 가까운 곳에 인간의 덫에 걸릴 거야.”

그러자 정말 그런 일이 벌어졌다. 섬에 있으면서 너무 배가 고파 어떤 사람이 놓은 덫 안의 음식을 발견했고 덫은 여우를 눌렀으며 여우는 죽었다. 여우가 똥을 눈 그 바다표범은 줄무늬가 되었다. 그런 바다표범을 오로치인들은 ‘우르케’라고 부른다.

여우

옛날 옛적에 데벡타가 있었다. 그는 혼자 살았다. 데벡타는 칼을 단련했지만 풀무에 공기를 불어 넣을 사람이 없어서 혼자서 해내야 한다는 것이 힘들었다. 새가 날아왔다.

"새야, 이리 와, 나를 도와주렴."

"그런데 내가 어떻게 강을 뛰어넘지?"

"지팡이에 의지해."

"손에 가시가 박힐 거야."

"장갑을 껴."

"장갑은 젖을 거야."

"말리면 돼."

"구부러질 거야."

"펴서 바늘로 꿰매면 돼."

"바늘이 부러질 거야."

"새야, 넌 왜 시비를 걸고 그래. 지팡이로 널 때려야겠어."

바로 데벡타는 새를 지팡이로 때렸다. 새가 그에게 물었다.

"형, 왜 내 의식이 흐릿해지는 거지?"

"그건 내가 널 때렸기 때문이야."

데벡타가 대답하고 새의 깃털을 뜯었다. 이후 새는 하늘로 올라가서 나무에 앉았다. 데벡타는 집으로 가서 새를 쏘기 위해 화살과 활을 들었다. 새를 쏘았다. 화살이 위에 걸렸다. 그러자 새가 말했다.

"나를 결코 죽일 수 없어."

그때 그는 나무로 기어 올라가 자신의 화살을 가지고 오려고 나무에 붙었다. 산둔가라는 이름의 한 노인이 이리로 왔다. 노인은 데벡타를 나무에서 떼어내 자신의 집으로 데리고 가 밧줄로 묶고 아궁이 위에 걸었다. 노인은 장작을 가지러 갔고 노인의 아내는 음식을 준비하는 솥을 씻으러 갔다. 산둔가의 집에 어린 아들이 두 명 있었다. 데벡타는 그 아들들에게 부탁했다.

"나를 풀어 줘."

한 아들이 말했다. "풀어 주지 않을 거야."

다른 아들이 말했다. "풀어 줄게."

풀려났다. 그때 데벡타는 아들들에게 물었다.

"너의 아버지 창은 어디에 있어?"

"저기, 잠자고 있어."

아들들은 그에게 창을 주었다. 데벡타는 창을 들고 숨었다. 그때 노인이 돌아와서 자신의 아들에게 물었다.

"데벡타는 어디로 갔어?"

"우린 몰라요." 아들이 대답했다.

그러자 노인은 밖으로 나가서 소리쳤다.

"데벡타!"

나무 뒤에서 소리가 들렸다.

"어이!" 다시 소리쳤다.

"데벡타!"

얼음 구멍에서 소리가 들렸다.

"어이!"

데벡타는 자신의 다리에 상처를 냈다. 얼음에 피가 흘렀다. 그때 산둔가는 데벡타 쪽으로 다가갔다. 피가 얼음을 따라 흘러내리는 것이 보였다. 산둔가가 피를 핥자 그의 혀는 얼음에 얼어붙었다. 데벡타는 창으로 산둔가를 찔러 죽였다.

"산둔가, 나를 먹으려 했지. 넌 정말 악마구나. 이제 내가 널 죽여 주마."

이후 그는 강의 흐름을 따라 아래로 갔다. 어떤 집으로 다가갔다. 거기에는 노부부와 세 아이들이 살았다. 이들은 바다표범이었다. 그는 그들의 집으로 들어가지 않았다. 아이들은 데벡타를 놀라게 했다. 이때 데벡타는 부싯돌로 탁탁 쳤다. 아들은 노인에게 물었다.

"아빠, 저기에 누가 탁탁 소리를 내고 있어."

"그건 바다 탁탁새라는 이름의 철새야." 아버지가 대답했다.

"그럼 쪼개지는 소리가 나는 건 왜 그래?"

"그건 바다기슭에 부딪치는 파도 소리야."

모든 바다표범들은 자신의 풀집 안에서 불타 죽었다. 바다표범의 창고에 많은 물건이 들어 있었다. 자작나무 껍질로 만든 원형 천막 안에는 훈제 생선도, 말린 생선도 있었다. 데벡타는 바다표범의 썰매를 꺼내 거기에 훈제 생선과 말린 생선을 싣고 강 상류로 갔다. 도중에 그는 여우를 만났다.

"형, 저를 도와주세요."

그는 여우를 썰매에 맸다. 빙산에서 여우는 발에 타박상을 입었다.

"형, 제가 썰매 가운데에 앉게 해 주세요."

여우를 앉히고 계속 길을 갔다. 시냇물이 나타났다.

"여우야, 이 시냇물 이름이 뭐니?"

여우가 대답했다.

"이 시냇물 이름은 '시작'이에요."

앞으로 더 나아갔다. 또 하나의 시냇물이 나타났다.

"이 시냇물의 이름은 뭐야?"

"이 시냇물의 이름은 '중간'이에요." 여우가 대답했다.

앞으로 더 나아갔다. 또 하나의 시냇물이 나타났다.

"이 시냇물의 이름은 뭐야?"

"이 시냇물의 이름은 '공허'예요."

조금 후 여우가 말했다.

"형, '공허' 시냇물에서 자고 가요."

형은 손에 도끼를 들고 초막을 만들었다. 그러는 사이 여우는 잠자리를 만들기 위해 전나무 가지를 꺾으러 갔다. 데벡타가 여우에게 소리쳤지만 여우는 도망갔다. 그때 그는 자신의 썰매를 풀었다. 훈제 생선이 있는 보자기를 들췄는데 거기에는 아무것도 없고 빈 공간에 여우의 이빨만 남아 있었다. 말린 생선이 있는 보자기를 들췄더니 거기에도 아무것도 없고 여우 이빨만이 빈 공간에 남아 있었다. 그는 여우 발자국을 따라갔다. 그사이에 여우는 어떤 노파의 집에 도착했다. 데벡타도 노파의 집에 도착했다. 여우는 숨었다.

"할머니, 여우 못 보셨어요?"

"봤어." 노파가 대답했다.

그때 데벡타는 주문을 외우고 수리부엉이처럼 소리쳤고 토끼처럼 중얼거렸다. 그때 여우가 비웃었다. 데벡타는 그를 잡았다.

"이제 내가 널 죽일 거야."

"내 가죽은 얇아서 아무 짝에도 쓸모가 없어요. 내 고기는 시어서 아무도 먹지 않을 거예요. 나를 죽이지 마세요.

아내를 찾아 드릴게요. 노인 카의 딸을 데리고 올게요."

여우는 노인 카에게로 갔다. 숨어 있자 저녁에 자기 전에 노파가 밖으로 나왔다.

"카 할머니," 여우가 소리쳤다. "만약 당신 딸을 주지 않으면 내가 땅과 하늘을 다 흩어 놓을 거예요."

노파 카는 집으로 들어가 노인에게 말했다.

"악마가 그러는데, 딸을 주지 않으면 땅과 하늘을 다 흩어 놓겠다고 하네요."

"왜 쓸데없는 생각을 하는 거야?" 노인이 놀랐다.

"제가 쓸데없는 생각 하는 거 아니에요. 밖에 나가서 들어 봐요."

노인이 나갔다.

"카 할아버지, 만약 딸을 주지 않으면 땅과 하늘을 다 흩어 놓을 거예요."

그때 노인은 집으로 돌아가 말했다.

"임자, 우리 딸을 태우고 가라고 사슴을 한 마리 보냅시다."

여우는 그의 딸을 썰매에 태우고 떠났다. 도중에 여우도 옆에 앉았다. 여우는 데벡타에게 가서 말했다.

"난 사슴 방목지를 알아요."

여우는 가서 사슴을 데리고 왔다. 데벡타는 사슴을 아주 많이 죽이고 물고기를 낚시했다. 어느 날 그는 사슴을 방목하는 그 장소로 돌아갔다. 그러나 사슴은 흔적도 없었다. 여기서 아주 오래전에 방목했다는 흔적만이 있을 뿐이었다. 여우가 사슴을 먹어 치우고 뼈만 남긴 듯했다. 데벡타는 거기서 집으로 갔다. 최근에 생긴 여우의 발자국은 집으로 나 있었다. 여우는 데벡타의 아내에게 요구했다.

"형이 기름진 사슴을 내 꼬리에 묶으라고 했어."

데벡타의 아내는 사슴을 묶었다. 그러자 여우는 집에서 나와 숲으로 도망갔다. 데벡타는 소리쳤다.

"여우를 잡아!"

그는 돌아와서 말했다.

"여우가 사슴을 죽이고 다 먹어 치웠어."

그들은 그렇게 거기서 살았다.

까마귀

미녀의 동생 이름은 길렌게티였다. 길렌게티는 울었다. 누이는 그에게 말린 생선을 먹으라고 주었다. 그러나 그는 받지도 않고 계속해서 울었다.

"길렌게티야, 넌 왜 우는 거야, 왜 그렇게 울어? 나하고 결혼하고 싶어서 우는 거야?"

길렌게티는 웃었다.

"나와 결혼하고 싶다면 가서 도마를 가지고 와."

길렌게티는 가서 나무를 베기 시작했다.

"조금 더 앞으로 가, 머리가 아파." 누이가 말했다.

길렌게티는 아주 멀리 갔다. 미녀는 겉옷을 입고 신발을 신고 귀걸이를 했다. 그런 다음 자작나무 상자 안에 기어들어가 강 흐름을 따라 아래로 떠내려갔다. 그때 새끼 까마귀 한 마리가 낚시 통발을 놓았다. 그의 통발에 상자가 걸려들었다. 새끼 까마귀가 와서 보고는 상자를 기슭으로 끌고 나왔다. 톡, 톡, 톡, 톡, 상자를 부리로 쳤다. 그러자 미녀가 말했다.

"내 눈을 아프게 하지 마."

그때 새끼 까마귀가 집을 향해 소리쳤다.

"엄마, 까옥, 나의 아내를 들어 올려 주세요, 까옥."

"저기서 아들이 뭐라고 하는 거야?"

엄마는 강으로 내려갔다. 엄마는 꼬리를 흔들며 기뻐서 팽이처럼 뱅뱅 돌았다. 엄마는 여울목까지 반 바퀴 돌아서 쪼려고 했지만 망치처럼 두드렸다.

"엄마, 제 아내를 찾았어요." 새끼가 말했다.

까마귀 엄마는 그의 아내를 집으로 데리고 갔다. 까마귀의 집은 온통 까마귀 배설물투성이였다. 미녀는 빗자루 있는 쪽으로 갔다. 그녀는 가시투성이 전나무 가지를 꺾어서 그 가지로 까마귀들이 쓸 침대를 만들었다. 그리고 자신의 침대에는 부드러운 전나무 가지를 깔았다. 이때 카 노인의 아이들인 두 명의 남자가 도착했다. 이때 미녀는 불을 지폈다. 그 두 영웅은 그들의 활과 화살이 타고 있는 것을 알아채지도 못하고 미녀만 바라보았다. 미녀는 말했다.

"영웅이여, 당신의 활과 화살이 타고 있군요!"

그러자 두 영웅은 집으로 갔다. 저녁이 왔다. 까마귀들은 잠자리에 들었다. 미녀도 자려고 누웠다. 아침에 다시 카 노인의 두 아들이 왔다.

"까마귀야, 굿하러 가! 아버지가 너를 불러."

"가야 해, 네가 먼저 가."

어머니가 아들 까마귀에게 말했다. 아들 까마귀가 말

했다.

"아내를 데리고 갈게요."

"데리고 가지 마. 카 노인의 아들들이 너의 아내를 빼앗아 갈 거야." 어머니가 그에게 말했다.

아들 까마귀는 자신의 아내를 데리고 갔다. 그는 카 노인이 쌓아 놓은 장작더미 뒤에 아내를 숨겼다. 그런 후 집 안으로 들어갔다.

"까마귀야, 굿을 해 다오!" 카 노인이 요청했다. 까마귀는 주문을 외기 시작했으며 북을 쳤다. 쿵, 쿵. 그리고 말린 생선을 물었다. 쿵, 쿵. 그리고 튀긴 생선을 물었다. 그는 계속해서 주문을 외웠다. 까마귀가 아래를 보니 아내는 카 노인의 아들들과 함께 앉아 담배를 피우고 있었다. 그때 까마귀는 매달려 있는 샤먼 장식을 떼고 북을 놓고 자신의 집으로 가 버렸다. 까마귀는 어머니에게 말했다.

"엄마, 카 노인의 자식들이 나의 아내를 빼앗았어요."

"내가 너에게 말했잖아. 아내를 데리고 가지 말라고. 당장 등에 달을 져, 나는 해를 가지고 갈 거야."

까마귀는 달을 가지고 가 버렸으며 그의 어머니는 해를 가지고 갔다.

"어두워!" 카 노인은 소리쳤다.

"태양을 가지고 가지 마세요. 달을 가지고 가지 마세요.

까마귀여, 제가 당신에게 일곱 마리의 개 머리를 먹으라고 드리겠소." 까마귀는 말했다.

"엄마, 까옥! 그렇게 하는 게 좋지 않을까요? 까옥!"

카 노인은 집 전체, 내부도 외부도 일곱 마리의 개 머리로 채웠다. 까마귀 아들은 다시 말했다.

"태양과 달을 내줘요!"

까마귀들은 태양과 달을 내주었다. 이 때문에 까마귀들은 개고기로 가득 채운 집을 받았다. 카 노인의 자식들은 까마귀 엄마를 집에 묶고 그녀의 목에 종을 매달았다. 그러나 아들은 엄마가 들어가는지 나가는지도 모르고 계속해서 개고기를 쪼았다. 카 노인의 자식들은 까마귀 아들에게 활을 쏘았다. 까마귀 아들은 죽었고 까마귀 엄마는 울었다.

"엄마는 붙잡히고 아들은 죽임을 당했구나."

그렇게 엄마 까마귀는 곡을 했다. 카 노인은 소리쳤다.

"귀찮구나. 까마귀 엄마도 죽여!"

자식들은 까마귀 엄마도 죽였고 까마귀 아내를 빼앗았다.

일곱 영웅

일곱 영웅은 공놀이를 했다. 다람쥐가 그들에게 왔다. 일곱 영웅이 다람쥐를 잡고 공처럼 가지고 놀기 시작했다. 다람쥐 발 하나가 부러져서 다람쥐는 세 발로 도망갔다. 이후 까마귀가 날아왔다.

"일곱 영웅, 다람쥐 부대가 오고 있어!"

그때 그들은 자신의 누이를 불이 타고 있던 아궁이 속에 파묻었다. 위에 사슴 피를 뿌리고 재를 뿌렸다. 그런 다음 사슴의 기름을 들고 그것을 자루와, 가죽을 만드는 나무판과 망치에게 주었다.

"다람쥐가 오면 그들에게 아무 말도 하지 마!"

그들은 화살을 일곱 대 위로 쏘았고 자신들은 그들의 발자국을 따라 올라가기 시작했다. 그때 다수의 다람쥐가 와서 물었다.

"자루야, 너의 주인은 어디로 갔느냐? 나무판아, 너의 주인은 어디로 갔니? 망치야, 너의 주인은 어디로 갔니?"

그러자 그때 낡은 신발이 왔다.

"나는 기름을 먹지 않았어. 난 말할 거야. 그들이 자신의 누이동생을 아궁이에 숨겼고 자기들은 일곱 화살을 쏘고 위로 갔어."

그때 다람쥐는 자신의 창을 들고 아궁이에 찔러 넣었다. 창은 피로 물들었다.

'됐어, 우리가 그녀를 죽였어.' 그는 생각했다.

다람쥐들은 갔다. 그러나 미녀는 일어나서 신발을 갈기갈기 찢었다. 그녀는 가운을 입고 신발을 신었다.

"여기에 살아도 없어지게 될 거고 떠나도 죽게 될 거야."

그녀는 길을 나섰다. 도중에 개구리의 집을 보았다. 그녀는 그 집에 신발 끈을 묶고 개구리의 집을 발로 넘어뜨렸다. 개구리는 말했다.

"왜 나의 집을 부수는 거야? 나의 여자 친구가 되는 게 더 좋지 않아!"

"좋아, 나도 외로워."

미녀가 대답했다. 그때 개구리가 말했다.

"미녀야, 나에게 너의 가운을 줘!"

미녀는 개구리에게 자신의 가운, 신발, 모자를 건네주고 자신은 낡은 가운을 가졌다. 그때 개구리의 개가 짖었다.

"멍멍멍!"

이것은 영웅 둘이 왔다는 것이었다. 형은 여우 옷을 입고 동생은 스라소니 옷을 입었다. 개구리가 말했다.

"너는 스라소니 옷을 입은 사람에게 시집가, 난 여우 옷을 입은 사람에게 시집갈 테니."

영웅들이 아직 문 안으로 들어오지 않았을 때 미녀가 자신의 머리를 막대기로 두드리자 그녀는 통나무로 변했다. 영웅들은 집 안으로 들어왔다. 여우 옷을 입은 사람이 개구리 옆에 앉았고 스라소니 옷을 입은 사람은 통나무 옆에 앉았다. 개구리가 말했다.

"어서 여기서 나가자! 이 자리에 악마들이 나타나."

그때 스라소니 옷을 입은 사람이 칼을 잡고 통나무를 잘랐다. 거기서 피가 흘렀다. 그는 자신의 칼을 통나무 옆에 놓았다. 개구리의 남편은 개구리를 썰매에 태우고 갔다. 스라소니 옷을 입은 사람도 떠났다. 그는 가다가 멈췄다.

"칼을 두고 왔군. 칼을 두고 가기에는 아까워." 영웅이 말했다.

"거기로 가지 마. 다른 칼을 만들어 줄게. 거기에는 악마들이 있어."

개구리가 말했다. 영웅은 계속 갔다. 개구리 집에서 누군가가 투덜거렸다.

"나쁜 개구리 때문에 나만 베였어."

영웅이 집 안으로 들어갔다.

"미녀야, 화내지 마! 나와 가자!"

"가지 않을 거야. 개구리가 나를 모욕했어."

미녀가 대답했다. 영웅은 미녀를 안아 썰매에 태웠다. 오랫동안 길을 갔다. 개구리가 말했다.

"넌 왜 나의 집에서 지킴이를 데리고 나온 거야?"

어떤 집에 도착했다. 거기에는 노부부가 살고 있다. 영웅들도, 개구리도 모두 함께 집 안으로 들어갔다. 그때 노인이 말했다.

"손녀야, 가서 기장을 가지고 와!"

개구리가 가서 모래를 가지고 왔다. 개구리가 요리를 했다. 개구리는 노인에게 먹으라고 줬다. 노인은 후룩후룩, 짭짭 하고 먹었다.

"이건 흙이야, 역겨워! 버려!"

그런 다음 덧붙였다.

"개구리야, 우리가 너의 형과 동생, 너의 친지를 언제 만날 수 있어?"

개구리는 그들 뒤를 따라 나갔다. 수많은 개구리를 데리고 왔다.

"끔찍하군!"

노인이 소리쳤고 개구리를 쫓아내기 시작했다. 펄쩍 뛰어서 도망가는 개구리들도 있고 아궁이 속에서 타 죽는 개구리들도 있었다. 개구리는 울었다.

"우리 엄마가 타 죽었어, 개굴개굴, 우리 형이 타 죽었어,

개굴개굴, 우리 아빠가 타 죽었어, 개굴개굴, 내 동생이 타 죽었어, 개굴개굴."

그때 노인이 물었다.

"미녀야, 우리는 너의 죽을 언제 먹을 수 있어?"

미녀는 가서 죽을 가지고 왔다. 집에서 나와 키 큰 나무 아래 누웠다. 그녀는 누워서 중얼거렸다.

"나의 일곱 형제여! 우리에게 기장을 먹게 해 줘!"

그녀가 일어나자 그녀 주위에 기장 일곱 자루가 놓여 있었다. 그녀는 그 자루를 집으로 가지고 가서 죽을 끓여 노인에게 주었다. 노인은 배불리 먹고 말했다.

"우리는 언제 너의 일곱 형제들을 만날 수 있지?"

미녀는 그들 뒤를 따라갔다. 키 큰 나무 아래에 서서 소리쳤다.

"나의 일곱 형제여, 이리 와 줘! 당신들은 초대받았어."

그때 일곱 사람이 노인에게로 왔다. 미녀를 위해 많은 옷과 여러 물건을 가지고 왔다. 노인은 그들에게 키스를 하고 말했다.

"와 줘서 고맙소!"

그다음에 그들은 나와서 화살 일곱 대를 위로 쏘았다. 개구리의 남편은 스키를 타고 나무를 베어 집 안으로 가지고 갔다.

"개구리야! 와서 잡아!"

"나는 잡으러 가지 않을 거야, 내 아이가 곧 태어날 거야."

남편은 또 한 번 말했다.

"가서 잡아!"

그러자 갔다. 개구리는 일을 하지 않기 위해 모두를 속이고 자신의 집 안에 있던 물건들을 삼켰다. 개구리의 배가 부풀어 올랐다. 개구리는 남편에게 말했다.

"난 임신했어. 너에게 아들이 생길 거야."

그러자 영웅은 도끼로 개구리의 배를 갈랐고 죽을 정도로 베어 버렸다. 개구리의 배 안에 숟가락도, 찻잔도 망을 짜는 바늘도, 쇠체도 나타났다. 집안사람들이 다가와서 말하기 시작했다.

"이건 내 숟가락이야!"

"이건 나의 바늘이야!"

"이건 나의 찻잔이야"

"이건 나의 쇠 국자야!"

"이건 나의 체야!"

"이건 나의 국자야!"

전부 가지고 가 버렸다. 그때 영웅은 개구리를 썰매에 놓고 강 아래로 갔다. 도중에 집을 만났다. 이 집 안에 노부부와 미녀가 살았다. 노인 집 옆에 얼음 구멍, 넓은 얼음 구멍이 있었다. 영웅은 개구리의 손을 썰매의 손잡이에 올렸고 다리는 얼음 구멍 모서리 옆에 놓았다. 그런 다음은 노인의 집을 향해 일어났다. 노인은 물었다.

"너 혼자 왔어?"

"썰매 위에 나의 아내가 있어요."

노인은 딸에게 말했다.

"가서 손님의 아내를 데리고 와."

"누이여, 이리로 오라!"

그러나 그녀는 잠자코 있었다. 딸이 집으로 돌아갔다.

"엄마, 손님의 아내는 듣지 않아요."

"나의 아내는 귀머거리예요." 영웅이 말했다.

"아내를 밀면서 말해요!"

미녀는 강으로 내려가서 개구리를 밀었다.

"언니, 언니! 이리 오세요!"

개구리는 물속으로 뛰어들었다. 그때부터 개구리는 물속에서 살게 되었다. 그때 영웅이 말했다.

"아이고 불쌍한 것! 그녀가 불쌍해요. 당신이 내 아내를 죽였어요!"

"됐어." 노인이 말했다. "나의 딸을 너에게 줄게."

그렇게 영웅은 미녀를 아내로 받아들였고 노부부를 자신의 집으로 데리고 왔다. 아버지는 그에게 말했다.

"좋은 아내를 찾았구나."

그리고 어머니도 말했다.

"좋은 아내를 발견했구나."

그렇게 그들은 살았다.

미녀

미녀가 물을 길으러 강으로 갔다. 그녀가 물을 풀 때 일곱 마리 물오리가 강 흐름을 따라 아래로 헤엄쳐 가는 것을 보았다. 미녀는 물을 집으로 들고 갔다. 집으로 들어가서 보니 뒷벽 옆 중요한 자리에 어떤 남자가 앉아 있었다. 그녀는 그에게 먹을 것을 주었다.

"전 여기서 살 겁니다." 남자가 말했다. "그 어디에도 가지 않을 겁니다."

여자가 말했다.

"전 혼자 살아서 사슴도 생선도 먹지 못했어요. 친구가 되어 주세요."

그들은 둘이서 살게 되었다. 남자는 사냥을 다녔다. 어느 날 페겔릭투라는 이름의 여자가 왔다. 옷은 가죽이었고 가죽 스카프를 두르고 가죽 신발을 신고 있었다. 페겔릭투가 집에 살고 있는 미녀에게 말했다.

"너의 머리 속에서 찾을 게 있어."

"저는 이가 없어요." 미녀가 말했다. 그런 다음 덧붙였다. "날 괴롭히지 마요! 전 일이 많아요."

그때 페겔릭투가 그녀를 꽉 잡아 공중에서 뒤지기 시작

했다.

"됐어요, 됐다고요!" 미녀가 말했다.

"그래, 좀 더 찾자!"

그때 미녀는 졸려서 잠이 들었다. 페겔릭투는 주석을 잡아 자신의 입 안에 넣었다. 주석이 녹자 그것을 미녀의 귓속에 부었다. 미녀는 죽었다. 페겔릭투는 미녀에게서 가운과 그 외의 옷을 벗겨 갈아입고 그녀의 몸은 숲에 던졌다. 미녀의 남편이 돌아왔다. 아내가 죽었다는 것을 몰랐다. 그는 페겔릭투를 자신의 아내로 여겼다.

"왜 머리를 자른 거야?"

그는 페겔릭투에게 물었다. 그녀가 대답했다.

"불을 지피다가 탔어요. 그래서 잘라 버렸어요."

그런 다음 페겔릭투가 부탁했다.

"저 기슭에 갑시다, 여기엔 악마들이 나타나요."

그는 아내와 함께 다른 기슭으로 건너갔다. 거기에 영웅의 어린 동생 여섯 명이 살았다. 그들 중 하나가 그의 형이 기슭으로 다가오는 것을 보기 위해 나갔다. 그런 다음 강에서 일어나서 집으로 와서 전했다.

"형은 자신의 아내가 아름답고 머리카락이 길다고 말했어. 그런데 지금 보니 형편없는 여자고 머리카락도 짧아."

여섯 형제는 큰형에게 말했다.

"살 집을 지어요. 우리는 형님 내외를 우리 집에 들이지 않을 거예요."

형은 자기 집을 지었고 그들은 거기서 둘이 살게 되었다. 어느 날 여섯 형제는 강 맞은편으로 갔다.

"건너지 마!"

페겔릭투가 소리쳤다.

"거기에는 악마들이 있어!"

그들은 그녀의 말을 듣지 못하고 건너갔다. 버찌를 찾으러 산에 올라갔다. 미녀가 모습을 드러냈다. 그녀에게서 상처를 찾았지만 발견하지 못했다. 머리를 찾으니 귀에 차 있는 주석이 보였다. 칼자루로 그것을 파냈다. 그때 미녀가 살아나 말했다.

"어떤 사람이 저를 살려 주신 거죠?"

형제들은 미녀를 방수포로 싸서 집으로 데리고 갔다. 그녀 위에 벚나무 가지들을 올렸다. 방수포를 질질 끌고 집으로 들고 갔다.

"무엇을 들고 가는 거야?" 페겔릭투가 소리쳤다.

"벚나무를 끌고 가는 거야."

"나에게도 벚나무를 줘!"

"그래."

그들은 그녀에게 가지 하나를 주었다. 저녁이 왔다. 페겔릭투의 남편은 밖으로 나왔다. 나오자 그의 여섯 형제가 페겔릭투를 비웃는 소리가 들렸다.

"하하하!"

자기 아내의 웃음소리도 들렸다. 형제 중 하나가 말했다.

"우리 형은 제정신이 아니야. 자기 아내도 못 알아보잖아!"

그러자 페겔릭투의 남편은 동생들의 집으로 들어갔다.

"왜 왔어?" 아내가 그에게 물었다. "페겔릭투와 살아!"

남편이 대답했다.

"난 널 데리고 돌아갈 거고 페겔릭투에게는 장작을 가지고 와서 음식을 준비하라고 시킬 거야."

그는 아내를 집으로 데리고 갔다. 몇 시간이 지나 아내는 아들을 낳았다. 출산하자 아이 아버지도 기뻐하고 그의 동생들도 기뻐했다. 아이 아버지는 동생들과 함께 무기를 만들기 위해 철을 캐러 갔다. 아이 엄마는 아이 옷에 수를 놓고 있었다. 페겔릭투가 말했다.

"네 남편은 버찌 가지러 갔다 오라고 우리에게 지시했어."

그런 다음 그녀는 남편에게 가서 말했다.

"네 아내가 버찌 가지러 갔다 오라고 나를 불렀어."

그녀는 집으로 돌아가서 다시 미녀에게 말했다.

"가자! 아이도 데리고 가자. 바람이 아직 불지 않을 때 저쪽으로 옮겨 가자."

미녀는 화를 냈다. 그녀는 화를 내고 나서 아들을 데리고 한마디도 하지 않고 기슭으로 내려갔다.

"페겔릭투, 노가 있는 쪽으로 가!"

그녀가 말했다. 그러나 페겔릭투는 대답했다.

"싫어, 네가 노 저으러 가!"

미녀는 자신의 아들을 안았다.

"아들은 내버려 둬!" 페겔릭투가 말했다. "내가 그를 어르고 배를 운전할게."

그들은 저쪽으로 건너갔다. 페겔릭투가 말했다.

"가서 버찌를 찾아!"

미녀가 갔다. 조금 지나자 돌아와서 말했다.

"저기에는 버찌가 없어."

"좀 더 높이 산을 올라가면 있어." 페겔릭투가 말했다.

미녀는 산으로 갔다. 그런 다음 강으로 돌아갔다. 내려가니 페겔릭투가 기슭에서 떠나가는 것이 보였다.

"페겔릭투!" 그녀가 소리쳤다. "나의 아이를 돌려줘!"

그러자 페겔릭투는 아이를 손에 들고 키스를 하고는 물에 던졌다. 던지면서 말했다.

"아이가 불쌍하구나!"

엄마는 기슭에서 울었다. 페겔릭투는 맞은편 기슭으로 다가갔다. 그녀는 다가간 후 배를 기울이고 물을 조금 퍼 올렸다. 페겔릭투는 남편에게 말했다.

"너의 사랑하는 아내는 아이를 물에 던져서 죽였어. 그녀는 창피해서 돌아오지 않았어. 수치심으로 그녀는 저쪽에 남았어."

남편은 아내에게 화가 났다. 그는 한마디도 하지 않고 강을 건너갔다. 아내는 기슭에서 내내 울었다. 그는 아내에게 한마디도 하지 않고 그녀를 고통스럽게 죽였다. 그리고 시신을 땅에 버려두고 집으로 돌아왔다. 이후 여섯 형제 모두 도망갔다. 그러나 그 여자는 겨우 살아났다. 그녀에게로 쥐가 달려왔다.

"언니, 어디가 가장 아파?"

미녀가 대답했다.

"쥐야, 왜 물어? 내가 죽으면 나를 먹어."

"내가 치료해 줄게." 쥐가 대답했다.

쥐가 그녀의 손을 살짝 핥자 손이 조금씩 움직이게 되었다. 그런 다음 염소가 왔다. 그녀를 핥았으며 미녀가 말했다.

"죽으면 나를 먹어."

"먹지 않고 치료할 거야." 염소가 대답했다.

그러자 미녀가 일어났다. 그녀의 발도, 손도, 머리도 좋아졌다. 그때 염소가 말했다.

"누나, 전 생선을 잡았어요. 생선은 기슭에 있어요. 저기에 칼도 솥도 체도 있어요. 모닥불도 피워져 있어요."

미녀는 음식을 했다. 음식을 차린 후 소리쳤다.

"염소야, 먹으러 와!"

염소와 함께 먹었다. 그러자 염소가 말했다.

"난 여기서 떠나면 곧 죽을 거야. 내가 죽으면 나를 찢어줘. 나의 커다란 뼈로 기둥을 만들어, 갈비로 다리를 만들어, 가죽으로 지붕을 만들어, 그리고 내장에 누워."

염소가 죽었다. 미녀는 그를 분리했다. 염소가 말한 대로 그렇게 모두 했다. 그런 다음 자려고 누웠다. 일어났다. 그러자 염소는 이미 다른 집을 지었다. 집 안에서 염소는 중요한 자리에 앉아 있었다.

"누나, 이 집에서 살아. 아무 데도 가지 마!"

그는 말했다. 염소는 낮에 집에 있지 않았고 아침에 떠나서 저녁에야 겨우 돌아왔다. 누이는 그에게 물었다.

"어디 갔다 오는 거야? 나 혼자 심심해."

염소가 대답했다.

"누나, 나는 나의 어린 조카와 놀고 있어."

"너의 조카가 어디 있어?"

"그는 요람과 함께 물에서 나와."

누나가 말했다.

"내일 가서 볼 거야."

아침에 누나는 음식을 준비했다. 죽을 끓이고 생선 살과 딸기로 음식을 만들었다. 그런 다음 나가서 강으로 내려갔다. 상을 놓고 그 위에 음식을 차리고 자신의 젖을 짜서 식탁에 놓았다. 그리고 자신은 숨었다. 염소가 소리쳤다.

"형제여, 이리 나와!"

그러자 그의 조카가 대답했다.

"왠지 겁나."

"겁내지 마. 여긴 아무도 없어."

염소가 말했다. 아이는 기슭으로 나와 요람을 떼어 내고 식탁으로 먹으러 왔다. 그런 다음 말했다.

"여기 맛있는 음식이 있어. 쓴 음식도 있어. 이 물은 써."

엄마는 다가와 아이를 잡았다. 그러자 아이는 소리치며 물로 가려고 했다.

"아빠, 엄마!"

"내가 네 엄마야."

"아냐, 우리 아버지와 어머니는 물속에 살고 있어. 넌 모르는 사람이야. 아빠, 엄마!"

그가 울었다. 크고 작은 고래들이 헤엄쳐 와서 말했다.

"이 사람이 너의 친엄마야. 우리는 사람들에게 상처받은 너를 먹여 주었을 뿐이야."

모든 고래들은 갖가지 음식을 그에게 남겨 주고 떠났다. 여자는 자신의 아들을 집으로 데리고 갔다.

"누나, 전 집으로 갑니다. 조카가 성장할 때까지 먹을 음식이 충분해요."

염소가 말했다. 염소는 떠났다. 여자는 아들에게 활과 화살을 만들어 주었다. 겨울이 왔다. 그녀는 아들에게 말했다.

"아들아, 강 저쪽으로 활을 쏘아서는 안 돼!"

그러나 소년은 밖으로 나가 강 저쪽으로 활을 쏘았고 화살을 따라갔다. 화살은 누군가의 집 문을 맞혔다. 그때 그가 그 문을 열고 들어갔다. 보니 거기에 노부부가 살고 있었다. 노인은 물었다.

"누구의 아들이냐? 잘생긴 아이구나. 넌 옛이야기를 할 줄 아니?"

"옛이야기를 할 줄 알아요. 저희 아버지는 페겔릭투와 결혼했어요."

노인은 말했다.

"페겔릭투야, 소리쳐!"

"네가 소리쳐!"

"한 영웅의 아내는 미녀였어요."

소년이 계속했다.

"그녀는 아들을 낳았어요. 그러자 페겔릭투가 그녀에게

말했어요. '버찌를 모으러 가자, 네 남편이 지시했어.' 페겔릭투는 그녀의 남편에게 말했어요. '네 아내는 버찌 모으러 가자고 나를 불렀어.' 그런 다음 집으로 돌아와 미녀에게 말했어요. '미녀야, 빨리 가자! 강한 바람이 불 거야.' 여자는 기슭으로 내려가 자신의 아이를 안고 갔어요. 페겔릭투는 그녀에게 노를 저으러 가라고 말했고 그녀는 노를 가지러 갔어요. 강을 건너 버찌를 찾으러 갔어요. 돌아왔지만 페겔릭투는 이미 기슭에서 떠나갔어요. 그리고 그녀의 아이를 잡고 키스를 한 후 물속에 던지면서 '불쌍한 아이야!'라고 말했어요. 아버지, 전 당신의 아들이에요."

그런 다음 밖으로 나가 집으로 달려갔다. 자신의 어머니에게 말했다.

"아버지가 오고 있어요."

"넌 아버지가 없어." 그녀가 말했다.

아들과 말다툼을 할 때 아버지가 왔다. 아내가 그에게 말했다.

"가서 페겔릭투를 죽여! 그녀의 눈을 나에게 가지고 와!"

남편이 페겔릭투의 눈을 가지고 왔다. 아내는 눈을 칼로 찔러서 모닥불에 태웠다. 이후 썰매에 짐을 싣고 강 흐름을 따라 위로 갔다. 가다 보니 여섯 명이 공놀이를 하고 있는 것이 보였다. 이때 형제들 중 막내가 말했다.

"우리 형, 조카와 형수가 오고 있어. 페겔릭투도 온다면 이 공처럼 그녀를 가지고 놀자."

바로 그때 그들이 왔다. 모두 기뻐했다. 염소도 있었고 쥐도 있었다. 염소는 미녀의 동생이었다. 그들은 그렇게 살았다.

느게티르카

옛날 옛적에 느게티르카는 형과 살았다. 느게티르카의 형은 훌륭한 사냥꾼이었다. 동트기 전 새벽에 사냥하러 가서 별이 뜨는 저녁에야 사냥을 끝냈다. 다시 아침 일찍 타이가로 떠났다. 이때 일곱 백조가 날아왔다.

"느게티르카, 여기에 너의 형이 있니?"

"우리 형은 동트기 전에 나가서 별이 뜰 때 사냥에서 돌아와. 형은 멧돼지, 곰, 사슴을 싣고 와."

일곱 백조는 일곱 미녀로 변했다.

"느게티르카야, 우리가 너의 머리를 빗겨 주고 얼굴을 씻겨 주고 집에 전나무 가지를 깔아 줄게."

그들은 마루에 깔개를 깔았고 느게티르카의 머리를 빗겨 주었으며 그의 얼굴을 씻겨 주었고 집 안을 청소해 주었다. 이후 그들은 날아갔고 날아가면서 말했다.

"너의 머리카락을 헝클어뜨리고 석탄으로 얼굴을 문질러. 그리고 가지들을 마루에 던져둬."

형이 돌아왔다. 느게티르카는 잊어버리고 자신의 머리카락을 헝클어뜨리지 않았다.

"누가 마루에 깔개를 깔았어?"

형이 물었다. 느게티르카는 대답했다.

"내가 깔았어."

"누가 너의 머리를 빗겨 주었니?"

"내가 빗었어."

"얼굴은 무엇으로 닦은 거야?"

"새의 깃털로."

"알았어, 내가 새를 잡았으니 넌 새의 발로 내 머리를 빗어."

그는 새를 죽이고 느게티르카에게 말했다.

"내 머리를 빗어."

느게티르카는 빗기 시작했다. 빗었지만 발은 빗어지지 않고 할퀴기만 했다. 형은 깃털로 얼굴을 닦았지만 깃털이 얼굴에 달라붙었다.

"왜 나를 속인 거야, 느게티르카?"

"형, 일곱 마리의 백조가 여기에 날아왔어. 그 백조들은 내 머리를 빗겨 주고 내 얼굴을 씻겨 주었으며 집 마루에 깔개를 깔아 주었어."

느게티르카가 말했다. 그때 형은 느게티르카에게 실과 바늘을 주었다.

"느게티르카야, 백조 자매 중 막내의 가운을 너의 가운에 단단히 꿰매. 꿰매면 나를 크게 불러."

형이 말했다. 아침에 그들은 일어났다. 형은 숨었다. 그러자 바로 그때 일곱 백조가 다시 날아왔다.

"느게티르카야, 꾸, 꾸, 너의 형이 여기 있니?"

"우리 형은 동이 트기 전에 타이가[1]로 갔어. 곰을 사냥하러 갔어. 멧돼지를 가지러 갔어. 사슴을 잡으러 갔어."

"느게티르카야, 너의 형은 집에 있는 것 같아."

한 마리가 말했다. 일곱 백조 모두는 집 안으로 들어갔다. 느게티르카의 머리를 빗겨 주고, 그의 머리에 있는 이를 잡아 주었다. 느게티르카는 백조의 가운을 꿰맸다. 단단히 꿰매고 소리쳤다.

"형!"

백조가 물었다.

"느게티르카야, 왜 소리를 치니?"

"여기 빗고 있어."

그는 대답하고 다시 소리쳤다.

"형!"

형이 나타났다. 여섯 백조는 연통을 통해 날아갔지만 막내 백조는 남아서 연통에 끼었다. 느게티르카의 형은 그 백

---

1) 타이가 : 유라시아 대륙과 북아메리카 대륙에서 동서 방향으로 펼쳐져 있는 침엽수림이다.

조를 잡아 아내로 삼았다. 백조에게서 깃털과 가죽을 벗기고 그것을 숨겼다. 그러자 미녀는 날아가지 못했고 형은 그녀와 결혼했다. 그렇게 그들은 살았다. 느게티르카의 형은 다시 사냥을 떠났고 그의 아내는 아들을 낳았다. 느게티르카의 형수는 일하고 느게티르카는 조카를 얼러 재웠다. 아이는 계속 울기만 했고 느게티르카는 아이를 흔들었다.

"너는 왜 우니? 네 엄마는 기름진 털가죽을 긁고 있어. 우리는 지방 찌꺼기를 먹을 거니까, 울지 마!"

그렇지만 아이는 계속 울었다.

"너의 아버지는 기름진 사슴을 잡으러 갔으니 울지 마!"

그렇게 말했지만 아이는 계속해서 울었다.

"너의 어머니 털가죽을 아버지가 자작나무 상자에 숨겼어."

그때 아이는 울음을 그치고 웃었다. 이때 형수가 돌아왔다.

"느게티르카, 어떻게 네 조카가 울음을 그친 거야?"

그녀가 물었다. 형수는 느게티르카를 간지럽혔다. 그러자 그가 말했다.

"형수가 털가죽을 긁고 있다고 말했고 우리는 지방 찌꺼기를 먹을 거라고 말했더니 울음을 그쳤어요."

"거짓말이야."

미녀가 말하고 다시 그를 간지럽혔다. 느게티르카가 대답했다.

"제가 너의 아버지가 기름진 사슴을 잡으러 갔고 우리는 그것을 먹을 것이라고 말했어요. 그렇게 말하자 울음을 그쳤어요."

또 한 번 간지럽혔다.

"느게티르카, 거짓말하지 마."

그가 죽을 정도로 그를 간지럽혔다. 그러자 그가 고백했다.

"형수, 조카는 형수의 털가죽이 자작나무 상자에 있다는 말을 듣자 울음을 그쳤어요."

그러자 그녀는 그를 더 이상 간지럽히지 않았다. 그런 다음 상자에서 자신의 털가죽을 꺼냈다. 터진 자리를 꿰매고 옷을 입자 그녀는 백조로 변했다. 그녀는 자신의 아이를 안아 올려 어깨에 메고 날아가 버렸다. 날아가다가 보니 그녀의 남편이 잡은 사슴을 다듬고 있었다. 아들은 자신의 아버지를 보고 울었다. 아버지는 화살을 잡고 날아가는 백조를 향해 쏘았다. 화살은 자기 아들의 새끼손가락을 잘리게 했다. 새끼손가락은 아래로 떨어졌다. 아버지는 아들의 새끼손가락을 잡고 허리에 있는 사냥 가방에 넣었다. 그는 사슴을 다듬어서 던졌다. 그때 까마귀가 날아왔다.

"이 사슴 하나를 먹어."

그가 까마귀에게 말하고 집으로 갔다.

"느게티르카야, 왜 형수가 떠났니?"

그가 물었다.

"조카가 계속해서 울었어. 엄마가 모피를 긁어서 우리가 찌꺼기를 먹게 될 거라고 말해도 계속해서 울었어. 내가 그의 엄마의 털가죽이 아버지의 자작나무 상자에 들어 있다고 이야기하니 아이가 울음을 그쳤어. 형수는 와서 어떻게 아이가 울음을 그쳤냐고 물었어. 나는 형수의 털가죽이 아버지 자작나무 상자에 들어 있다는 것을 알게 되자 아이가 입을 다물었다고 대답했어. 그러자 형수는 자신의 털가죽을 꺼내서 꿰매 옷을 입고 아이를 안고 어깨에 멘 다음 날아가 버렸어."

"느게티르카야, 이제 나는 백조를 따라갈 거야. 넌 나중에 좋고 기름진 고기를 먹게 될 거야. 그렇지만 우선 나쁘고 퍽퍽한 고기를 먹어."

형이 말했다. 형은 그렇게 길을 떠났다. 그는 오랫동안 걸었다. 가다가 장작을 썰매에 싣고 가는 어떤 하인을 만났다.

"좋아, 너의 주인은 누구냐?"

"저의 주인은 여성분입니다." 하인이 대답했다.

"너는 무슨 일을 하느냐?"

"저는 망을 위한 밧줄을 꼽니다." 하인이 대답했다.

"너는 밧줄을 꼬기 위한 기구를 뭐라고 부르느냐?"

"호츠쿠라고 합니다." 하인이 대답했다.

"좋아, 너는 먹을 것을 어떻게 요구하느냐?"

"'유콜라[2]를 줘'라고 합니다."

"너는 집에 도착해서 도끼를 어떻게 두느냐?"

"큰 소리가 나게 도끼를 던집니다."

그때 형은 하인을 죽이고 자신이 하인으로 변신했다. 그런 다음 하인의 흔적을 따라갔다. 형은 도끼를 소리 나게 던지고 말했다.

"주인님, 먹을 것을 줘요!"

"하인아, 너는 도중에 먹었잖아."

그러자 그는 밧줄을 꼬기 위한 기구를 찾기 시작했다.

"밧줄 꼬는 기구는 어디 있죠?" 그가 찾았다.

"네가 무슨 하인이냐! 그게 어디 있는지는 네가 더 잘 알지 않니?"

그런 다음 미녀는 밖으로 나갔다. 그녀가 나가자 하인은

---

2) 유콜라 : 북극 및 원동 지방 주민들이 겨울나기로 장만하는 말린 물고기.

자기 아들의 손에 새끼손가락을 놓았다. 그런 다음 그는 타이가로 가서 아주 많은 사슴을 죽여서 싣고 왔다. 그때 그는 원래 모습으로 돌아간 다음 하인의 외모를 타이가에 버렸다. 형은 아내에게 말했다.

"너의 부모님을 모시러 가."

아내는 부모님을 모시러 갔다.

"엄마, 남편이 사슴을 구해 왔어요. 드시러 오세요."

그녀가 말했다. 그녀의 언니 백조들 모두 그사이에 부자들에게 시집을 갔다. 언니들이 말했다.

"이 많은 사람들이 먹기에는 너무 적어."

그녀는 부모님을 자기 집으로 데리고 갔다. 노부부는 미녀의 집으로 왔다. 거기에는 형이 앉아 있었고 하인들은 아무도 없었다. 미녀는 부모를 초대했다.

"하인이 잡은 얼마 안 되는 고기지만 드세요."

노부부, 언니들, 형부들이 왔고 밖에는 사슴 고기가 산더미같이 쌓여 있었다. 그들은 마음껏 사슴 고기를 끓였다. 노부부, 언니들, 형부들이 먹었다. 그때 형이 말했다.

"장인, 장모님, 이 고기를 드세요!"

그리고 노부부에게 드실 고기를 주었다. 그다음 그는 자기 집으로 떠났다. 계속 걸어 마침내 집에 도달했다. 사슴도 연기도 보이지 않았다.

'느게티르카가 죽은 것 같군.'

그는 생각했다. 형은 문 안으로 들어가서 보았다. 느게티르카가 문에 붙어 있었다. 형은 그를 잡아떼고서 말했다.

"느게티르카야, 넌 왜 처음에 기름진 고기를 먹은 것이냐?"

형은 느게티르카에게 먹을 것을 주었고 그는 살아났다. 그들은 그렇게 같이 살았다.

너구리

여동생을 위해 영웅은 섬에 집을 지었고 영웅 자신은 사슴을 사냥하러 떠났다. 만듀라코라는 이름의 영웅 아내가 미녀의 집으로 왔다.

"미녀야, 우리 집에 놀러 와!"

미녀는 놀러 갔다. 새언니, 즉 미녀 오빠의 아내는 죽을 끓이고 산해진미를 준비했으며 술을 따랐다.

"자, 미녀야, 먹자."

만듀라코가 제안했고 미녀에게 술을 주었다.

"안 마실게요. 전 한 번도 마신 적이 없어요."

미녀가 거절했다.

"자, 조금만 마셔 봐."

만듀라코가 청했다. 미녀는 조금 마셨고 술에 취했다. 술에 취해서 잠자리에 들었다. 그녀는 곧 잠이 깼고 일어났다. 자는 동안 만듀라코는 그녀의 옷 밑에 돼지 새끼들을 두었다. 미녀가 일어났을 때 돼지 새끼들은 여러 방향으로 떨어졌고 꿀꿀 울었다. 미녀는 아무 말도 하지 않고 집으로 갔다.

이때 주인공, 즉 미녀의 오빠가 돌아왔다. 만듀라코는 그에게 말했다.

"당신이 저 기슭에 살게 했던 당신의 사랑하는 여동생은 돼지와 살고 돼지를 낳았어."

그는 아무것도 먹지 않고 말없이 만듀라코가 하는 말을 듣고 있다가 강을 건너 누이에게로 갔다. 손에 도끼를 들고 집 안으로 들어갔다. 여동생은 수를 놓고 있었다. 오빠는 들어가서 여동생 손을 자르고 떠났다. 오빠가 떠나자 미녀는 자신의 손을 찾기 시작했다. 미녀는 찾지 못한 채 어깨에 침을 뱉었고 상처가 나았다.

'어떻게 하지? 어디 가든 죽을 거고 여기 남아도 죽게 될 거야.' 그녀는 생각했다.

미녀는 걸어갔다. 계속 걷다가 어떤 초막을 만났다. 거기에는 아무도 없고 죽은 짐승이 가득했으며 주위에는 장작이 많이 있었고 헛간에는 고기가 가득했다. 저녁이 되었다. 미녀는 불을 지피지 않고 아무것도 먹지 않았으며 아무것도 건드리지 않았다. 저녁 늦게 어떤 남자가 와서 소리쳤다.

"어떤 악마가 우리 집에 온 거지?"

미녀는 당황해서 밖으로 튀어 나가 도망가려 했지만 남자가 그녀를 멈춰 세웠다.

"나를 화나게 하지 마, 가지 마!"

미녀는 집으로 돌아갔고 남자는 그녀의 한 팔이 없는 것을 알아챘다. 남자는 먹을 것을 먹고 미녀에게 주었으며 그

다음에 그들은 잠자리에 들었다. 아침에 미녀는 일어나서 옷을 입고 떠나려 했지만 남자가 그녀에게 부탁했다.

"가지 마! 나와 결혼해 줘."

남자는 결혼했고 아내를 자기 아버지에게 데리고 갔다. 식량과 사냥 수확물을 싣고 갔다. 부모 집에 도착했다.

"아버지, 저의 아내를 모욕하지 마세요!"

그가 말했다. 얼마의 시간이 지나자 그의 아내는 임신했다. 남편이 사냥 갔을 때 아들이 태어났다. 많은 세월이 흘렀다. 아이는 요람에 누워 있었고 시어머니는 아이의 불쌍한 엄마를 괴롭혔으며 시아버지는 때렸다.

미녀는 자신의 아이를 데리고 강의 흐름을 따라 아래로 가서 어떤 썰매의 흔적을 따라 걸어갔다. 걷다가 사람 무리를 만났다. 그들을 지나쳤다. 다시 걷다가 개울을 만났다. 매우 넓은 개울이었다. 개울의 하구에 있는 너구리를 만났다. 너구리는 그녀에게 말했다.

"누이야, 더 이상 가지 마, 그러지 않으면 오빠가 죽일 거야."

그런 다음 덧붙였다.

"누이야, 나의 발자국을 따라 걸어가."

"너의 발자국은 작고 나의 발자국은 커. 어떻게 너의 발자국을 따라갈 수가 있어?"

미녀가 화를 냈다.

"괜찮아, 발자국을 따라 걸어 봐."

너구리가 안심시켰다. 미녀는 걸어갔다. 그렇게 계속해서 걸어갔다. 그녀는 집을 보았다. 집에 다가가 문을 잡고 들어갔다. 좋은 집이었다. 거기에는 먹을 것이 있었다. 음식이, 조리된 것도, 날것도 있었으며 고기와 온갖 재산이 있었다. 미녀는 들어가서 먹고 거기서 살기 시작했다. 너구리는 상석을 마련해 주었다. 상석에는 담요와 베개가 있는 침대가 있었다. 거기에는 부족한 것이 아무것도 없었다. 너구리는 미녀의 아이를 돌보았고 집 안에는 장작도 충분했고 생선도 넉넉했다. 아들은 무럭무럭 자랐다. 화살을 가지고 놀면서 계속 뛰어다녔다.

"누이, 나에게도 집이 있고 아내와 동족들도 있어. 난 바다 저쪽에 살아. 나의 동생이 네가 손 하나가 없다는 것을 꿈에서 보았어. 그래서 내가 여기 온 거야."

너구리가 어느 날 말했다.

"네가 사는 곳까지 멀어?"

미녀가 물었다.

"멀어! 사슴을 타고 5일 동안 달리고 새를 타고 3일 동안 날아가야 해."

너구리가 대답했다.

미녀는 아들과 둘이 너구리의 집에 머물렀다. 아들이 부탁했다.

"엄마, 실을 꼬아 줘요!"

"한 손으로 할 수가 없어."

아들은 쐐기풀을 가지고 왔다. 그들은 둘이서 실을 꼬았다. 소년은 어머니를 도왔다.

"갈고리를 만들어 줘요!"

아들이 부탁했다.

"한 손으로 어떻게 만들겠니?"

엄마가 말했다. 그러나 엄마는 이빨로 바늘을 구부려 갈고리를 만들어 주었다. 아들은 개울에 물고기를 낚으러 갔다. 낚시를 하니 '콘고르, 콘고르!' 하는 소리가 들렸다. 이것은 갈고리에 뭔가가 걸리는 소리였다. 잡아당겼다. 어떤 것이 끌려 나왔다. 손이 걸렸고 손에는 반지와 팔찌가 끼워져 있었다.

"네가 엄마의 팔이 맞다면 너의 자리로 곧장 가!"

손을 던지고 다시 낚싯대를 던졌다. 낚시를 하다가 철갑상어를 잡았다. 그것을 집으로 가지고 와서 부탁했다.

"엄마, 날생선을 잘라 줘요."

"넌 계속 날 놀리고 모욕하는구나! 한 손으로 어떻게 자를 수 있단 말이냐? 할 수 없어!"

그때 아들은 어머니에게로 다가가 말했다.

"엄마, 엄마의 팔을 찾았어요. 지금 다시 양팔이 될 거예요."

엄마는 아들을 양팔로 안았다. 그런 다음 그에게 생선을 잘라 주었다. 그렇게 그들은 살았다. 어머니는 아들에게 말했다.

"커다란 강에는 가지 마!"

그는 어머니의 말을 듣지 않고 커다란 강으로 가서 화살을 쏘았다. 화살은 강의 흐름을 따라 위로 날아갔고 그는 화살을 찾으러 걸어갔다. 화살은 어떤 집의 문에 꽂혔다. 소년은 화살을 들고 집 안으로 들어갔다. 거기에는 노부부와 남자가 살고 있었다. 남자는 상석에 앉아 있고 소년은 문간에 서 있었다. 상석에 앉아 있는 남자가 말했다.

"아이야, 우리에게 이야기를 해 다오. 할 수 있니?"

"할 수 있어요." 소년이 대답했다.

"우리 집에 묵어라."

"아닙니다. 전 묵을 수 없어요. 낮에는 이야기할 수 있어요."

그는 이야기하기 시작했다.

"한 남자가 숲에서 한 손만 있는 미녀를 만났어요. 그는 그녀를 집으로 데리고 갔어요. 그에게 부모가 있었어요. 그는 그들에게 말했어요. '나의 아내에게 함부로 하지 마요. 저는 사냥하러 갈 거예요'라고 했어요."

노인은 아내에게 말했다.

"여보, 소리쳐! 소년이 다 이야기하고 있어."

"영감, 당신이 소리쳐!"

노파가 그에게 대답했다. 그러나 소년은 계속했다.

"그들에게 아들이 태어났어요. 할머니는 미녀에게 욕을 하고 할아버지는 미녀를 때렸어요. 남자는 타이가로 떠났어요. 미녀는 화가 나서 아들을 데리고 떠났어요. 아빠, 제가 당신 아들이에요."

소년이 남자에게 말했다. 소년은 말하고 떠났다. 그러자 아버지는 그의 발자국을 따라 달렸다. 아들은 자기 집으로 들어가 어머니에게 말했다.

"엄마, 아버지가 오고 있어요!"

"넌 무슨 생각인 거니? 네 아버지는 이미 죽었을 거야."

이때 남자가 들어와서 자신의 아내에게 말했다.

"나에게 화내지 마오. 난 당신에게 상처를 준 적이 없어요. 내 부모가 당신에게 상처를 줬지."

그들은 함께 살게 되었다.

아들이 말했다.

"엄마, 난 너구리에게 갈 거예요."

"넌 갈 수 없을 거야. 새를 타고 3일 동안 날아가고 사슴을 타고 5일 동안 달려가야만 거기에 도달할 수 있어."

어머니가 그에게 설명했다.

"엄마, 너구리는 아버지의 동생이야. 그가 왜 우리를 떠났을까?"

"깃털 때문에 화가 나서 떠났어."

어머니가 대답했다.

"전 어쨌든 갈 거예요."

소년이 말했다. 그는 계속 걷다가 바다의 다른 기슭에 집이 많은 것을 보았다. 벌이 왔다가 날아갔다. 벌로 변해서 날아갔다. 하루 만에 너구리 집에 도착했다. 너구리가 생각했다.

'무슨 벌이 날아온 거지?'

그때 소년이 너구리 옆에 앉았다.

"너구리야, 우리 집으로 가자! 너는 나를 키웠지만 난 다 컸어. 우리 부모와 함께 살자." 그가 말했다.

"2~3일 정도 지난 후에 갈게."

너구리가 대답했다. 그러나 말할 때 소년의 모습이 보이지 않았다. 소년은 이미 자신의 어머니에게로 떠났던 것이다. 그는 돌아와서 말했다.

"2~3일 후에 너구리가 자신의 동족을 많이 데리고 올 거예요.”

어머니는 놀랐다.

“넌 어떻게 그렇게 빨리 갔어? 속였구나!”

“제가 사기꾼이라고 해 두죠. 지금 사슴을 잡아 와서 너구리를 먹일 거예요.”

그는 1000미터 띠를 들고 갔다. 그는 많은 사슴을 죽여서 1000미터 띠로 묶어서 집으로 끌고 왔다. 그의 아버지가 놀랐다.

“이 무슨 천둥 같은 소리냐? 무슨 바람인 거야?”

어머니가 보러 나갔다.

“당신 아들이 많은 사슴을 끌고 와요.”

소년은 집으로 와서 먹고 잠자리에 들었다. 그런 다음 너구리가 왔다. 소년은 그에게 말했다.

“너는 개울의 저쪽 기슭에 살고 나는 이쪽 기슭에 사는 거야.”

소년은 너구리에게 많은 사슴을 먹으라고 주고 그에게 말했다.

“우리 집에 놀러 와!”

어느 정도 시간이 지난 후 너구리가 놀러 왔다. 그때 소년이 말했다.

“아버지, 너구리야, 내가 말하는 걸 들어 봐. 너구리 네가 깃털이 필요하게 된다면 내가 수백 마리라도 잡아 줄게. 우리에게 화내지 마! 사이좋게 살자. 사슴을 잡아서 나눠 먹고 물고기를 잡아서 나눠서 먹자. 형제처럼 살자!"

그렇게 그들은 사이좋게 살았다.

영웅 돌로누카누

한 영웅이 태어났다. 그 영웅은 태어난 그날부터 내내 집에서 잤다. 밤낮으로 잠을 잤다. 그가 자고 있는데 누군가가 갑자기 말했다.

"만약 잠을 자면 꿈을 보아라. 만약 깨어 있다면 내가 너에게 말하는 것을 들어라. 일어나 사람들이 아래에 살고 있는 태양을 보아라. 사람들이 아래에 살고 있는 달을 보아라!"

그때 그는 눈을 떴다. 눈을 떴지만 집 안은 어두웠다. 그는 앉아서 머리를 들었지만 그의 머릿속에서 뭔가가 이쪽에서 저쪽으로 요동쳤다. 요동치는 물건을 꺼내니 그의 베개였으며 베개에서 피가 흐르고 있었다. 일어나고 싶지만 다시 그에게 침대가 붙었다. 침대를 꺼냈을 때 피가 흘렀다. 그때 그는 잠시 생각하고 말했다.

"이것은 나를 죽이려는 악마가 장난친 거야."

화를 내며 다시 잠자리에 누웠다. 누워서 말했다.

"꿈에서 나를 죽이고 싶지, 죽여!"

이후 누워서 곧 잠이 들었다. 그때 그의 목소리가 다시 울렸다.

"만약 내가 너를 죽이려고 했다면 오래전에 네가 자고 있을 때 죽였을 거야. 일어나 나가서 사람들이 아래에 살고 있는 해와 달을 봐!"

그는 앉아서 생각했다.

'만약 죽이려고 했다면 자는 동안 나를 죽였을 거라는 것은 맞아.'

그는 일어났다. 일어난 후 문을 찾아서 거리로 나가려 했다. 계속 찾았다. 같은 장소에 구멍을 만들었고 그 안에 머리를 쑤셔 넣고 밖을 내다보았다. 거기에 밝은 태양이 빛나고 있었다. 그는 집 안에 숨어서 생각했다.

'누군가가 꿈에서 나에게 이것은 살아 있는 사람들을 위한 태양이라고 말했어.'

그런 다음 다시 그는 머리를 그 구멍에 들이밀고 밖으로 뛰어나갔다. 뛰어나가서 거리에 멈춰 서서 생각했다.

'이것이 살아 있는 사람들을 위한 태양이라는 것이 정말이네.'

그는 기슭으로 내려갔다. 거기에는 그 어떤 흔적도 없었다. 오래된 발자국이 겨우 눈에 띄었다. 그 발자국을 따라 걸어갔다. 그는 걷다가 넓은 강을 보았다. 그 강으로 다가갔더니 아름다운 모래가 있었다. 거기서 놀기 시작했다. 한 발로 뛰고 달리고 두 발로 뛰었다.

어두워지자 집으로 갔다. 와서 잠자리에 누웠다. 그는 아무것도 먹지도 않았고 옷도 입지 않고 벌거벗은 채로 다녔다. 그는 집에서 잠을 자고 아침에 다시 놀러 나갔다. 실컷 놀고 밤이 오면 누군가의 눈이 어둠 속에서 반짝거리는 것을 보았다. 그는 풀 속에 숨었는데 거기서 잠이 들었다. 잠을 자고 아침에 일어나 다시 놀러 달려 나갔다. 놀다가 뭔가 소리를 들었다. 귀 기울여 들어 보니 어떤 소음이 들렸다. 또 들어 보니 소음이 강을 따라 아래에서 들려왔다. 보니 뭔가가 벼랑에서 나타났다. 그때 우리 영웅이 도망갔다. 이 밤에 그는 자신의 거처에 숨었다. 배가 기슭에 닿았다. 하인들이 그 배 안에서 말했다.

"여기서 식사를 합시다!"

"너희가 알아서 하여라."

그들의 여주인이 대답했다. 그녀의 말을 들은 후 하인들은 식사하기 위해 멈췄다. 그들은 식사 준비를 할 장작을 모으러 갔다. 그들은 계속 찾아다녔고 영웅의 발자국을 만났다. 그들은 그 발자국을 보고 말했다.

"주인님, 여기 버려진 마을에서 온 악마의 발자국이 가득합니다."

"떠들지 말거라! 먹고 싶다면 먹고 조용히 해!"

여주인이 말했다. 그들은 여주인의 분노를 두려워해 식사하기 시작했다. 그들의 여주인은 미녀였다. 그녀는 버려진 마을에서 온 악마의 발자국을 보러 갔다. 그녀는 걷다가 주의 깊게 그것을 살펴보았다. 강 옆 조금 떨어진 곳에 나 있는 발자국을 따라가다가 영웅을 마주했다. 그녀는 그를 안아서 배로 데리고 갔다. 그러자 하인들은 당황했다.

"우리 주인이 웬 악마를 데리고 오는데?"

"떠들지 말거라! 먹고 조용히 해!"

그녀는 그를 배로 데리고 온 다음 물을 퍼 올려 끓였다. 물이 끓자 그녀는 영웅을 씻겼다. 그녀는 물을 갈았지만 그의 살갗은 아직 보이지 않았다. 계속해서 씻겼다. 살갗이 조금 드러났다. 그녀는 물을 아홉 번 갈았고 마침내 때를 모두 벗겨 내자 그는 사람처럼 보이기 시작했다. 그때 미녀는 영웅에게 훌륭한 옷을 입혔다. 옷을 입은 후 그는 진짜 사람이 되었다. 이후 그들은 강을 따라 위로 배를 타고 갔다.

그녀의 하인 50명이 한쪽 갑판에서 노를 저었고 다른 갑판에서도 50명이 노를 저었다. 하인들이 노를 저었지만 배는 조금도 움직이지 않았다. 여주인은 화를 내고 그들에게 달려갔다. 한쪽 갑판을 따라 걸어가면서 그들의 가슴을 연이어서 쳤고 다른 갑판을 따라 돌아가면서 역시 그들의 가슴을 쳤다. 그런 다음 자신이 거하는 선실로 갔다. 배는 소형증기선이었다. 선실에는 미녀와 영웅 둘이 있었다. 다시 미녀는 상황을 보러 갔다. 보니 한자리에 계속해서 서 있었다. 하인들은 모두 손에 힘이 빠져 있었고 팔은 탈골되었다. 그녀는 선실로 돌아왔고 하인들은 여주인을 비난하기 시작했다.

"그녀가 어떤 악마를 태워서 배가 움직이지 않는 거야? 버려진 장소에서 온 악마를 태워서 우리 배가 가지 않는 거야!"

그때 영웅이 나와서 말했다.

"당신들은 쓸데없이 노를 젓고 있는 거요! 돛을 세우는 게 더 좋아요!"

"바람이 불어야 돛을 세우죠!" 하인들이 놀랐다.

"괜찮아요. 세우도록 해 보세요!"

영웅이 말했다. 하인 일부가 말했다.

"해 보죠!"

다른 하인들이 말했다.

"너희는 버려진 마을에서 온 악마의 말을 듣겠다는 거야!"

몇몇은 주장했다.

"세웁시다!"

어쨌든 돛을 세웠다. 영웅은 선미에 앉아서 입으로 바람을 불었다. 그러자 돛을 단 배가 달려갔다. 영웅은 더 강하게 불었고 배는 하얀 거품을 일으키면서 달려갔다. 하인들은 기뻐하며 말했다.

"이 사람은 버려진 장소에서 온 악마가 아니야. 이제 이 사람을 주인님이라고 부르자."

그때 영웅은 정말 전력을 다해서 입김을 불었고 배는 조정할 수가 없을 정도로 달려갔다. 하인들은 기뻐서 발을 구르고 서로의 등을 쳤다.

"우리는 강력한 주인을 얻게 되었어! 그런 주인과 하는 항해는 순조로울 거야! 노를 젓고 일할 필요도 없어, 그저 이렇게 앉아 있으면 돼. 자고 싶으면 편안히 자는 거야."

하인들은 이렇게 기뻐했고 그를 언급하면서 영웅인 주인님이라고 불렀다.

그들은 계속 항해했다. 항해하다가 갑자기 영웅이 어떤 집을 보게 되었고 미녀에게 말했다.

"나는 저 집을 방문할 테니 기다려 주세요."

영웅은 기슭으로 뛰어내렸다. 그리고 산으로 갔다. 그는 집으로 올라가서 들어갔다. 들어가서 보니 외롭게 미녀가 앉아 있었다.

"안녕!" 영웅이 말했다.

그는 인사를 했지만 그녀는 아무 말도 하지 않고 인사도 하지 않았다. 영웅은 그녀의 맞은편에 앉았지만 그녀는 아무 말도 하지 않고 음식도 차도 그에게 내오지 않았다. 영웅의 마음속에는 분노가 일었다. 그는 화를 내면서 오랫동안 담배를 피웠다. 그런 다음 밖으로 나오면서 미녀에게 말했다.

"내 배가 올 때까지 어디도 가지 말고 얌전히 있어! 개가 들어오면 '개야, 네가 왜 온 거냐'고 사람들이 말하며 쫓아낼 거야. 까마귀가 날아올 거고 사람들은 까마귀도 그렇게 쫓아 버릴 거야. 그러나 미녀야, 너는 나를 개보다도, 까마귀보다도 하찮게 취급하고 있다."

그런 다음 그는 기슭으로 내려가서 배로 갔다. 그가 도착하자 그들은 다시 항해했다. 그는 내내 화가 난 상태였고 이전보다 더 강하게 입김을 불었고 배는 물이 들어올 정도로 빨리 달렸다. 영웅은 그 미녀의 집을 쳐다보았다. 그가 보면서 손을 흔들자 바로 그때 미녀가 하늘을 날아 그에게로 왔다. 영웅은 미녀가 그의 돛대에 달라붙게 했다. 마치 사형대에 매달려 있는 것처럼 미녀를 매달고 항해를 했다. 그렇게 계속 항해했다. 바로 그때 강은 이미 끝이 났다. 여기서 그들은 기슭에 정박했다. 영웅은 걸어서 계속 가야 했다. 떠나기 전에 그는 배의 여주인에게 말했다.

"이제 나는 떠날 겁니다. 만약 걸어가기에 가까운 거리라면 7년이 걸릴 거고 만약 더 멀리 걸어가야 한다면 9년이 걸릴 겁니다. 전 외롭게 살았어요. 아버지도, 어머니도 저에겐 없어요. 전 혈육을 찾아 떠날 겁니다." 그런 다음 덧붙였다.

"돛대에 있는 미녀를 당신 하인들의 우두머리의 아내로 주십시오."

그런 다음 영웅은 떠났다. 그는 걸었지만 아이고, 길이 얼마나 긴지! 가는 중에 마차 바퀴 자국과 말 발자국이 보였다. 그는 고개를 넘어 걸어갔다. 계속 걷다가 다른 강을 돌아 걸어갔다. 강은 넓어졌다. 강은 내에서 넓은 강으로 변했다. 그때 그는 통나무배를 만들었다. 배는 그를 태울 정도로 튼튼할까? 순식간에 배를 만들었고 강 아래로 배를 띄웠다. 배를 타고 가다가 어떤 집을 보았다. 가까이 가니 그곳에는 그 집 한 채가 있었다. 그 집 쪽으로 갔다. 그는 다가가며 생각했다.

'여기 방문해서 뭔가 새로운 것이 있나 알아봐야겠어.'

방향을 틀었다. 그가 기슭에서 올라가 집으로 들어가니 거기에는 나이 든 노파 한 사람이 살고 있었다. 노파의 머리카락은 아주 하얬다. 그녀가 말했다.

"청년, 어떻게 여기 왔나?"

노파는 온갖 음식을 차려 그를 대접했다. 영웅은 생각했다.

'이 노파는 곧 죽겠군. 노파는 이런 다양한 음식을 어디서 구해 온 거지?'

영웅은 실컷 먹었고 그런 다음 노파에게 새로운 소식을

묻었으며 전설을 이야기해 달라고 부탁했다.

"당신은 나이 든 사람이니까 어떤 전설이든 알고 있겠죠."

"살아가는 동안 몇 가지 전설을 당연히 들었죠."

노파가 자신의 이야기를 시작했다.

"어떤 영웅, 힘센 영웅이 어떤 장소에 살았어요. 그는 여러 곳을 돌아다녔지요. 그러다 마침내 한 도시에 오게 되었고 거기서 다른 영웅을 죽였어요. 살해당하기 전에 그 영웅은 자신의 어린 아들을 숨겼어요. 자신의 어린 딸은 따로 숨겨 두었고요. 그런 다음 그들의 아버지와 어머니를 죽이고 그 사람은 주민들도, 군대도 모두를 끌고 떠났죠. 이 강을 따라 데리고 갔어요. 이 일이 언제 일어났는지 이미 잊었군요."

노파는 이야기를 계속했다.

"살해된 영웅은 죽기 전에 자신의 아들을 쇠솥으로 덮었다고 말했어요. '나는 살해당하기 전 나의 어린 아들을 숨겼어요. 다른 장소에는 어린 딸을 숨겼어요'라고 그는 말했어요. 그런 다음 그의 아들이 어른이 되었다고 하더군요. 하늘은 자비를 베풀었고 나는 그가 다 성장했다고 생각해요. 난 그 청년의 이름도 알아요. 그의 이름은 톨로누카누죠. 그는 다 자랐으며 자신의 부모의 뼈를 찾아올 거라고 생각해요. 만약 여기서 더 간다면 그런 힘든 여정에서 힘센 사람들만

만날 수 있다고 생각해요. 영웅을 죽인 사람의 이름은 세눈박이 그레마쉬 용사입니다."

영웅은 이것을 알고 나서 깊은 침묵에 잠겼다. 노파 집에서 쉬고 하룻밤을 묵었다. 노파는 그를 배불리 먹였다. 그녀는 영웅을 아들이라고 불렀다.

"여행하는 것이 편안해지면 나에게 오렴. 나는 계속해서 너를 주시할 거야. 네가 죽는다면 알게 될 거고 네가 불행에 빠진다면 들릴 거야. 들리면 어떻게 해서든 너를 도울 거야. 세눈박이 그레마쉬 용사에게 이르게 되면 조심해야 해. 그 자는 매우 강하고 교활한 인간이야."

영웅은 두 번째 날 밤에 자려고 누우면서 말했다.

"내일 저는 일찍 일어나서 길을 떠날 거예요."

영웅은 잠이 들었다. 깨어 보니 이미 해가 중천에 떠 있는 게 아닌가! 영웅은 일어나서 밖으로 나갔다. 나가 보니 계속해서 밤이었고 아직 해가 뜨지 않았다. 영웅은 집으로 돌아갔다. 돌아가서 노파를 찾았다. 그러나 노파 대신에 너무나 아름다운 미녀가 누워 있는 게 아닌가! 그때 영웅은 생각했다. '이 미녀와 결혼해야겠군!' 영웅은 그녀와 결혼했다. 결혼하고 난 후 아침에 일어나 말했다.

"난 나의 부모 뼈가 있는 곳을 보러 갈 겁니다."

"거기 갈 수 없을 거예요." 미녀가 그에게 말했다. "그러나 당신이 갈 수 있든 없든 남자가 한 번 생각했으면 물러설 수는 없는 일이죠. 당신이 그 장소에 도착하면 영웅이라는 신분을 드러내지 마세요. 거기에 도착한 후 하인으로 변장하세요."

영웅은 그녀의 말을 귀담아들었다. 이야기를 들은 후 식사하기 위해서 앉았다. 실컷 먹고 길을 떠났다. 그가 배에 올랐다. 그러자 미녀가 그에게 말했다.

"언제든 저도 보러 갈 거예요."

영웅은 그녀의 말을 듣고 떠났다. 오랫동안 가다가 강 비슷한 것을 보았는데 매우 넓었다. 이 강은 어딘가로 흘러 들어갔다. 영웅이 보니 그것은 강이 아니었다. 영웅은 생각했다.

'바다인 것 같군. 이 바다를 어떻게 건너가지?'

그런 다음 결정했다.

'배를 만들자.'

영웅이 손바닥을 치자 커다란 배가 서 있는 게 아닌가! 그 배를 타니 거기에는 다섯 쌍의 노가 있었다. 영웅은 생각했다.

'하인이 없는데 어떻게 가지?'

그때 영웅은 자신의 다섯 손가락을 잘라 배 안에 던졌다. 다섯 명의 하인이 되었다. 그는 또 다른 손의 다섯 손가락을 잘라서 배 내부에 던졌다. 그렇게 다 해서 열 명의 하인이 되었다. 그는 자신의 하인들에게 말했다.

"노를 저어라!"

하인들은 노를 들었다. 그들이 노를 저었지만 배는 조금도 움직이지 않았다. 하인들이 말했다.

"우리가 노를 저으라는 어떤 악마의 말을 들으니 배가 가질 않는구나!"

그때 영웅은 분노해서 막대기를 들고 하인들을 때렸다. 갑판으로 오고 가면서 하인들을 때렸다. 그런 다음 자신의 손을 보니 다섯 손가락이 모두 제자리에 있었다. 다른 손을 보니 모든 손가락이 제자리에 있었다. 하인들을 보니 한 명도 없었다. 영웅은 생각했다.

'그렇게 된 거군! 어떻게 바다를 건너지? 하인들이 없는데.'

그때 그는 돛을 세웠다. 이 일을 끝내고 입김을 불었다. 돛이 빠르게 움직였다. 조금 더 세게 입김을 불었다. 배는 매우 빠르게 갔으며 영웅은 배를 조정했다. 조정하면서 조금 더 세게 입김을 불었다. 배가 얼마나 빨리 가는지! 그렇게 영웅은 항해했다. 밤낮으로 바다를 가로질러 항해했다. 갑자기 영웅은 먹구름도 안개도 아닌 것을 보았다. 더 가까이 가니 육지가 보였다. 그때 그는 이것이 인간의 연기라는 것을 알게 되었다. 그가 조금 더 가까이 가니 집이 보였다.

도시군! 얼마나 큰 도시인가! 먹구름이라고 말했던 것은 인간의 입김이었으며 안개라고 했던 것도 역시 인간의 입김이라니! 그때 영웅은 생각했다.

'하인의 집으로 가자.'

그렇게 생각한 후 그는 도시의 기슭에 정박했다. 정박한 후 땅에 내려와 손바닥을 치고 '후' 하고 입김을 불었다. 입김을 불고 배를 보자 그 자리에는 아무 배도 없었다. 영웅은 기슭에서 도시로 갔다. 어떤 사람의 집에 다가갔을 때 자신의 머리를 막대기로 '딱' 하고 때렸다. 이 일격으로 그는 하인이 되었다. 가장 볼품이 없었고 옷은 찢어지고 머리는 대머리였고 한 번도 콧물을 닦은 적이 없는 듯 콧물을 흘렸다. 거기에는 많은 노비의 아이들이 놀고 있었다. 영웅은 그들과 함께 놀기 위해 그쪽으로 걸어갔다. 그들이 노는 동안 날이 어두워졌다. 그와 놀았던 하인의 아들이 말했다.

"우리 집에서 주무세요."

영웅은 머뭇거리면서 가지 않았다. 그는 말을 위한 건초를 모았고 잠이 들었다. 영웅은 아침에 일어나 생각했다.

'그들은 다시 아침부터 놀 거야.'

그때 그는 말했다.

"놀면서 도시로 움직이자!"

어제의 그 하인 아들이 대답했다.

"좋아요!"

그들은 그렇게 놀았다. 영웅은 놀면서 주의 깊게 살펴보았다.

'우리는 이미 도시 중심에 도착한 것 같아.'

그는 생각하며 계속 놀았다. 놀다가 날이 어두워졌다. 밤이 되었고 영웅의 친구들은 모두 흩어졌다. 그는 혼자 남아 건초로 기어 들어가서 잠이 들었다. 밤에 영웅은 일어났다. 일어나 생각했다.

'황제의 집으로 가서 살펴보자.'

그가 자신의 머리를 치고 파리로 변해 날아갔다. 진짜 황제의 궁전이군! 그는 창문에 앉아서 살펴보았다. 머리 세 개가 보였다. 말할 때 세 개의 머리 모두가 같이 말했는데 머리 둘레는 1사젠[3]이다. 영웅은 이 모든 것을 보았다. 머리의 길이도 1사젠이었다.

'힘도 아주 세겠지!'

영웅은 생각하고 날아서 돌아갔다. 그런 다음 다시 건초에서 잠이 들었다. 하인이 된 영웅은 아침에 일어나서 길을 따라 황제의 집으로 향했다. 그러나 거기에는 영웅들이 많

---

3) 사젠 : 길이 단위다. 1사젠은 2.134미터다.

았다. 하인 분장을 한 영웅은 조용히 바라보았다. 영웅들은 돌 들어 올리는 시합을 했다. 머리 셋 달린 노인이 돌을 가뿐하게 들어 올렸다. 다른 영웅들은 그렇게 할 수 없었다. 그러므로 노인은 다른 영웅들을 겁내지 않았다. 그때 하인으로 분장한 영웅이 시도해 보려고 했다. 그가 나오자 노인이 말했다.

"당신은 여기로 어떤 하인을 내보낸 거요?"

"가게 내버려 두세요." 다른 사람들이 말했다.

"그가 비록 하인이지만 보고 싶어요."

"더러운 놈이군!"

노인이 말하고 하인을 쳐다보지조차 않았다.

'혐오감이 드는 모양이군!'

하인으로 분한 영웅이 생각했다. 그는 얼음이 박힌 것처럼 마음속이 냉정해졌지만 한편으론 화가 났다. 영웅은 노인에게 신경도 쓰지 않고 돌을 향해 갔다. 영웅은 돌을 한 손으로 들어 올렸고 그런 다음 10사젠 뒤로 물러났다. 물러나서 돌로 달려갔다. 그가 돌을 걷어차자 돌이 겨우 보일 정도로 멀리 떨어졌다. 영웅은 자신의 진짜 모습을 드러내고서 돌을 제자리에 놓았다. 머리 셋 달린 노인은 알아차렸다.

'솥으로 덮어서 숨겼던 바로 그 청년이군, 마지막에 내가 죽일 영웅이군. 벌써 다 자라서 이리로 온 것 같군.'

그는 그의 이름을 잘 알고 있다.

"여기 온 영웅은 돌로누카누인 것 같군."

노인이 말했다. 영웅은 화가 났고 점점 더 화가 치밀어 말했다.

"너는 나의 아버지를 죽였고 나를 죽이려 하고 있어. 난 나의 뼈를 너에게 가지고 왔다."

노인도 노발대발했다. 영웅은 화를 냈고 노인도 화를 냈다. 노인이 말했다.

"너의 아버지의 고향에 지필 불을 가지고 왔구나. 너의 뼈는 왜 여기로 가지고 온 것이냐?"

영웅은 그에게 대답했다.

"나의 아버지를 먹었고 나를 먹을 거잖아!"

노인은 그에게로 달려들었다.

"아이야, 넌 나와 싸우려고 여기 온 것이냐?"

노인은 바싹 다가가서 영웅을 겨냥했다. 팔을 뻗으면 그에게 닿을 정도였다.

"젊은이, 자네 아버지의 입김을 없애기를 원한다면 나를 주먹으로 때려라!"

영웅이 대답했다.

"나이 든 사람을 먼저 때리는 것은 수치스러운 일이지요. 당신은 정말 나이가 들었으니. 당신은 전설처럼 그런 영웅을 죽였다고 또 그의 아들도 죽였다고 이야기할 것이오. 전설처럼 되도록 하고 싶겠죠. 먼저 때려 보세요! 당신은 명예를 원하죠. 당신은 모든 사람들이 그 명예를 알게 되기를 원해요. 바로 지금 당신의 명예는 높아질 것이오!"

노인은 화가 났지만 영웅이 사실을 말하고 있는 것처럼 생각되었다. 그는 잠시 생각하고 영웅에게 말했다.

"더 강하게 땅에 부딪쳐라!"

영웅이 응시했고 노인은 그를 때렸지만 영웅은 꼼짝도 하지 않았다.

"한 손으로 때리면 아무 감각이 없어요. 다른 손으로 또 때려 보시죠!"

영웅이 말했다. 노인은 오른손으로 또 때렸다. 영웅은 조금 움직였다. 그때 노인이 말했다.

"네가 나를 때려 봐!"

그러자 영웅이 말했다.

"내가 때리면 당신은 모기가 문 걸로 생각할 겁니다."

영웅은 그를 왼손으로 때렸다. 노인의 머리 하나가 날아가 버렸다. 그의 머리는 땅에 떨어졌다. 다시 오른손으로 때렸다. 또 머리 하나가 땅에 떨어졌다. 노인은 머리가 셋 달렸었지만 영웅이 보니 머리가 하나밖에 남지 않았다. 그때 노인은 땅에 떨어진 머리 하나를 잡아서 제자리에 놓았고 또 하나를 잡아 다시 제자리에 놓았다. 노인은 영웅과 싸우기 시작했다. 전력을 다해 주먹으로 쳤다. 밤낮 자지 않고 먹지도 않고 계속해서 때렸다. 9일 밤낮으로 그들은 싸웠다. 싸우는 동안 영웅이 말했다.

"노인, 제가 먹었던 곡물을 소화시키는 동안 쉽시다."

"좋아, 나의 가장 큰 뼈가 아직 더워지지 않았고 아주 작은 뼈들만이 살짝 데워졌으니까."

노인이 대답했다. 이후 그들은 자신의 자리로 흩어졌고 쉬려고 누웠다. 노인과 영웅은 쉬었다. 그때 영웅은 피를 뱉었고 노인은 똑같이 했다. 쉬고 나서 노인은 잠이 들었다. 그러나 영웅은 잠시도 자지 않았다. 그는 하늘에 하얀 새가 원을 그리는 것을 보았다. 영웅은 그 새를 눈으로 좇았다. 새는 더 아래로 내려오고 있었다. 새는 영웅에게 다가와 말했다.

"만약 맞다면 너는 그를 반드시 죽이게 될 거야. 그렇지만 만약 그것이 뭔가 다른 것이라면 너의 생명은 끝이야. 내가 이 물건을 던질 거야. 이 물건을 땅에 떨어뜨리지 마! 잘 지켜봐, 잘 때도 지켜보고 일어나서도 지켜봐! 실수하지 말고 날아서 이 물건을 잡아!"

물건이 떨어지는 것을 보고 그는 민첩하게 움직여 튀어 올라 날아서 잡았다. 상자였다. 영웅은 날아서 물건을 잡고 나서 그 안에 있는 것을 보았다. 거기에는 알이 있고 알 안에는 머리 셋 달린 사람 같은 뭔가가 있었다. 그때 영웅은 노인에게 다가가서 그를 발로 찼다. 노인이 일어났다.

"오래도 주무시는군요! 당신이 자는 동안 제가 발견한 겁니다. 내가 전에 말했던 것은 정말 옳았습니다. 제가 먹었던 곡물을 소화시킬 것이라고 말했는데 그것 역시 진실입니다. 내가 이 물건을 발견한 이상 당신은 나를 곧 죽이려 할 테죠."

영웅은 노인에게 얻은 것을 보여 주었다. 노인이 말했다.

"만약 그런 물건을 이용한다면 이런 힘든 싸움에서 맥이 빠질 거야. 그것을 발견했다면 곧 나이 든 사람에게 주어야 해."

"제가 이 알 하나 때문에 힘이 빠질 거란 말이죠. 당신은 저를 빨리 죽일 수 있겠군요. 상당한 명예를 얻게 되겠군요. 나의 아버지를 죽인 것처럼 저도 죽이세요!"

영웅이 말했다. 이후 영웅은 노인의 머리 하나를 비틀어 던졌다. 머리는 노인 옆에 떨어졌다. 또 하나의 머리를 비틀어 던졌다. 그것도 떨어졌다. 그런 다음 삽과 함께 그의 손 하나를 땅에 던졌다. 손이 거기에 떨어졌다. 그의 다리를 부러뜨려 멀리 던졌다. 노인이 울었다.

"영웅이시여, 나를 죽이지 마시오! 힘을 조금이나마 남겨 주시오. 어떤 힘센 장사가 오게 해 주시오. 비록 손이 하나고, 다리가 하나이며 머리가 하나이지만 그와 극복할 수 있소."

"나는 힘센 장사 없이도 살았어요."

영웅이 말하고 화를 낸 다음 그의 중간 머리, 팔, 다리를 잘랐다. 그러나 노인은 아직 살아 있었다. 그때 영웅이 노인에게 말했다.

"그럼, 이제 당신의 몸을 당신께 주겠소. 그러나 내가 주는 걸로 만족하시오. 실수하지 말고 잘 보시오."

영웅은 전력을 다해 노인의 가슴에 알을 던졌다. 알이 가슴에 맞자 노인은 흔적도 없이 사라졌다. 영웅은 강을 따라 위아래로 달리며 자신의 경쟁자를 찾기 시작했다. 그러나 그 어디에서도 찾을 수 없었고 영웅과 힘을 겨룰 다른 경쟁자도 찾을 수 없었다. 평범한 영웅들은 거기에 많았다. 영웅은 그들을 한자리에 모아 놓고 말했다.

"여기 주민들, 남녀 하인들 그 누구도 남겨 놓지 말아라. 3일 후에 여기서 떠나라. 나의 명령을 이행하지 않으면 모두 죽을 것이다!"

그들은 밤낮으로 배를 만들기 시작했다. 3일 동안 배를 만들었다. 그런 다음 바닷가를 지나 영웅의 집으로 항해했다. 영웅은 자신의 부인에게 돌아가고 있었다. 계속 갔다. 영웅이 돌아오는 데 오랜 시간이 걸린 것 같다. 그는 자신의 아내를 찾았고 그녀의 곁에서 밤을 지새웠다. 아내가 그에게 물었다.

"제가 말하지 않았다면 당신은 그를 죽였을까요?"

"내가 거기에 갔을 때 나에게는 나의 계획이 있었어. 난 여자들의 지시에 따라 살지 않아. 난 무엇을 해야 하는지 스스로 알고 있어."

영웅이 대답했다. 그런 다음 덧붙였다.

"너 혼자 나의 고향으로 가, 난 이 커다란 강의 근원으로 올라갈 테니."

영웅은 일어나서 강의 상류로 갔다. 계속 가니 강이 끝났다. 끝났을 때 그는 자신의 배를 세우고 걸어서 갔다. 고개에 도달하니 누군가의 발자국이 보였다. 거대한 용사의 발자국이군! 발자국을 따라갔다. 가다 보니 발자국이 더욱더 많아졌다. 그때 집이 보였다. 남자의 집인 듯했다. 집주인 남자가 얼마나 많은 짐승을 죽인 거야! 생선을 얼마나 많이 잡은 거야! 영웅이 집으로 들어가니 어떤 영웅이 거기에 앉아 있었다. 그 영웅은 그와 완전 똑같았다. 키도 힘도. 오래된 지인처럼 그를 환대했다. 그가 들어가자 영웅은 그에게 많은 것을 대접했다. 고기도 죽도 내놓았다. 비계 역시 푸짐하게 내놓았다. 그들은 둘이서 앉아 먹었다. 영웅은 먹으면서 생각했고 고기를 먹으면서도 생각했다. 그들 중 하나가 순록의 반을 먹어 치웠고 다른 사람도 그만큼 먹어 치웠다. 죽도 적지 않게 먹었다. 식사가 끝나고 쉬려고 누웠다. 집주인은 제안했다.

"친구여, 내가 노는 곳으로 갑시다. 우리가 만났으니 나쁠 것이 아무것도 없을 거요! 당신도 영웅이니 내가 당신과 싸우고 싶어 하는 것에 화내지 마시오. 우리 처음 만났는데 놀러나 갑시다!"

그들은 놀러 갔으며 놀이를 시작했다. 바로 거기에 거대한 돌이 있었다. 집주인이 먼저 시작했다. 그는 가뿐히 들어 올렸다. 가슴에 올렸다가 놓았다. 우리 영웅은 돌을 잡아서 가슴까지 들어 올렸다. 이것을 끝냈다.

"그럼, 이제 해 봅시다!"

싸울 장소는 아주 좋았다. 싸우기 시작했다. 영웅도, 그의 친구도 쓰러졌다. 이후 그들은 집으로 갔다. 우리 영웅이 다른 영웅에게 말했다.

"나의 누이의 한쪽 눈은 아래에 있고 다른 눈은 위에 달려 있소, 3사젠의 콧물을 흘리며 머리는 헝클어져 있다오."

"내가 그런 여자를 살 수 있을까요?"

"돈은 받지 않아요."

"좋아요, 그렇다면!"

이후 영웅은 집으로 갔다. 집에서 나오니 주위에 도시가 있었다. 정말 거대한 도시군! 그는 보고 한마디도 하지 못했다. 다른 영웅이 말했다.

"3일 후에 나는 당신에게 갈 것이오."

영웅은 집으로 돌아갔다. 집에 도착했다. 그가 집에 도착한 그때 모든 하인들이 이미 와 있었다.

'집을 어떻게 찾았지?'

영웅이 생각했다. 그는 밖으로 나와서 손바닥을 마주 치고 입김을 불었다. 후! 거대한 도시가 생겨났다. 그는 하인들이 거주할 집을 마련해 주었다. 그러나 자신의 집은 없었다. 그의 낡은 집은 무너졌고 겨우 보일 정도였다. 영웅은 그 집으로 달려갔다. 그는 달려가 발로 쳐올렸다. 집은 아홉 덩어리로 부서져 땅에 쓰러졌다. 떨어질 때 도시 중심에 궁전이 생겨났다. 그는 거기에 머물렀다. 이때 다른 영웅이 왔다. 영웅은 아내에게 많은 음식을 차리라고 명령했고 손님을 대접했다. 그들은 술을 마셨다. 영웅도 손님도 조금 술에 취했다. 우리 영웅은 아내에게 말했다.

"나의 누이를 데리고 와!"

아내는 가서 데리고 왔다. 손님으로 온 영웅이 보니 아름다운 여자가 있지 않은가! 콧물은 전혀 없었다. 그녀의 오빠가 그녀는 짝눈이라고 말했지만 전혀 그렇지 않았다. 그녀의 오빠가 거짓말을 한 것이었다. 그는 그녀와 결혼했다. 3

일 후 그들은 자신들의 거처로 떠났다. 그렇게 그들은 사돈이 되었다. 그들은 사이좋게 지냈으며 서로 오고 갔다. 그들은 계속해서 그렇게 살았고 둘은 영웅의 공적을 이뤄 내면서 살았다. 그들의 하인들은 굶지 않았다.

셰르샤바야 플레시

옛날 옛적에 노부부가 살았다. 그들에게는 아들이 셋 있었다. 그들은 그렇게 살았다. 아들들은 타이가를 다니면서 순록과 곰을 잡았다. 순록과 곰 고기가 창고에 가득했다. 그러나 이제 청년들은 성장했다. 아버지가 그들에게 말했다.

“그럼, 애들아, 너희는 장성했고 사냥을 시작했다. 결혼을 생각할 때야. 여자 친구 없이 어떻게 살 생각이냐? 화살을 들고 생각한 곳에 화살을 쏘아라!”

청년들은 화살을 들고 밖으로 나갔다. 각자 원하는 방향으로 화살을 쏘았다. 그 후 자신의 화살을 찾으러 길을 떠났다. 큰형이 먼저 쏘았다. 그는 화살을 찾으러 떠나서 도시에 도착했다. 도시에는 황제가 딸을 데리고 살고 있었다. 큰형은 자신의 화살을 찾았다. 화살은 벽을 뚫고 지나가서 황제의 헛간에 떨어졌다. 그는 화살을 들고 집으로 곧장 들어갔다. 보니 거기에 황제가 살고 있는 듯했고 그의 곁에 딸이 있었다. 주연이 벌어졌고 그 집에 조금 머물렀다. 황제는 그가 왜 방문했는지 알았다. 황제는 그에게 새로운 소식이 있는지 물었고 그는 모든 것을 털어놓았다. 그들은 다음 날 결혼식을 치르기로 약속했다. 그는 차를 마시고 돌아갔다.

둘째 형의 화살은 상인 집 마당에 떨어졌다. 상인에게는 딸이 있었다. 그는 상인 딸과 약혼했다. 다음 날 형과 함께 결혼식을 올릴 것이다. 막내의 화살은 호수의 개구리에게 떨어졌다. 그는 자신의 화살을 찾았고 잡으려고 하는데 화살 옆에 늪지에서 자라는 미나리아재비 잎이 있었고 그 위에 개구리가 앉아 있었다. 막내는 당황해했다.

"개구리야, 내가 너를 어떻게 해야 할까?"

개구리는 인간의 목소리로 그에게 말했다.

"어떻게 해야 할까? 규칙대로 한다면 가져가."

막내는 자신의 겉옷 조각을 찢어 개구리를 감쌌다. 그런 다음 개구리를 품에 넣고 집으로 갔다. 아들이 모두 돌아오자 아버지는 그들에게 물었다.

"누구의 화살이 어디로 떨어진 거야?"

첫째 형이 대답했다.

"저의 화살은 황제의 마당에 떨어졌어요."

둘째 형이 대답했다.

"제 화살은 상인 집에 떨어졌어요."

막내는 아무 대답도 못 하고 말없이 서 있었다.

"그럼 이제 각자 자신의 아내를 데리러 가거라." 아버지가 말했다.

아들들은 가장 좋은 옷을 입고 완벽히 변신했다. 그들은 아내를 데리러 갔다. 그 여자들도 머리부터 발끝까지 화려하게 차려입었다. 그들은 커다란 구슬, 작은 구슬 들로 치장했다. 정장을 하고 자신들의 신랑을 기다렸다. 마침내 신랑들이 왔다. 부모는 신랑들을 대접하고 실컷 먹이고 잠자리를 봐 주었다. 막내는 개구리의 호수로 갔다. 기슭에 앉아서 개구리를 끌어내 가운에 넣었다.

"이 개구리를 어떻게 하지?"

막내는 생각했다. 그러자 개구리는 그에게 인간의 목소리로 말했다.

"괜찮아, 나를 싫어하지 마. 정해진 대로 나를 데리고 가."

막내는 놀랐다.

"이 개구리는 뭐지? 인간의 목소리로 말을 하잖아!"

그런 다음 막내가 개구리에게 말했다.

"나는 널 싫어하지 않아. 다만 너를 어떻게 해야 할지 생각이 떠오르지 않는 거야."

그는 다시 개구리를 감싸 집으로 데리고 갔다. 형들은 자신의 아내를 데리고 갔으며 많은 말들을 매고 종을 울리며 갔다. 형들은 결혼식을 거행했고 막내는 신경도 쓰지 않았다. 막내는 문 옆에 앉아서 그들이 주연을 베푸는 것을 모두 지켜보았다. 어머니는 그를 알아보고 식탁 모서리에 앉히고 먹였다. 막내는 먹고 자기 자리로 갔다. 머리까지 덮고 잠이 들었다. 개구리를 자신의 옆에 놓고 잠이 들었다. 신랑들은 한밤중에야 겨우 자러 갔다. 모두 함께 살게 되었다.

그렇게 살았는데 형들이 어느 날 밤 막내의 아내를 보았다. 그녀는 눈을 뜨고 있기가 힘들 정도로 눈부셨다. 정말 막내의 아내는 보기 드문 미녀였다. 황금 옷을 입고 있었고 그 어떤 미녀들보다도 하얀 얼굴이었다. 그녀를 보면 눈이 멀 정도였다. 모두 놀랐고 이런 여자를 어떻게 얻었는지 알 수가 없었다. 그들은 그녀를 깨우지 않고 다시 잠자리에 들었다. 아침에 일어나서 보니 막내의 아내는 없었다.

그들은 그렇게 오랫동안 살았고 개구리는 미녀로 변했다. 단순한 미녀가 아니라 하얀 얼굴에 아름다운 여자였다. 말은 강물이 흐르듯 했고 눈을 움직이면 녹인 납처럼 빛났고 눈썹 아래에는 잔주름이 몇 줄 있었다. 옷은 온통 황금빛이었고 겉옷은 온통 실크로 되어 있으며 머리카락은 땅까지 내려왔다. 이 미녀를 보면 모두 눈이 멀었다. 그녀는 모든 것을 꿰뚫어 보았다. 어떤 식으로든 남편들이 낚시를 하면 아내들은 고기를 볕에 말렸다. 그러나 형의 아내들은 고기를 볕에 말리지 않았으며 볕에 말리는 법을 알지 못했다. 막내의 아내만 집안일을 했다. 생선을 말리고 개들에게 밥을 주었으며 모두를 위한 식사를 준비했고 집을 청소했으며 남자 옷을 말렸고 새 옷을 지었다. 그녀 혼자만 모든 일을 했다. 형들의 아내는 집에 앉아 아무것도 하지 않았고 다만 자신의 옷을 재단해서 서로 감상했다. 그러나 차려입어도 꾸며도 막내의 아내와는 비교가 되지 않았다. 그때 그들은 딸기를 따오라고 그녀에게 지시했다. 막내의 아내는 딸기를 모으러 갔고 남자들은 짐승을 사냥하러 타이가로 갔으며 부모는 체리를 가지러 갔고 형들의 아내는 집에 있었다. 그들은 개구리 미녀의 껍질을 찾기 시작했다. 그들은 그것을 막내의 집 구석에서 발견하고 불에 던져 넣었다. 껍질이 타기 시작하자 무서운 천둥이 치고 하늘에서 온통 번개가 쳤으며 무서운 회오리바람이 일어났고 나무들이 쓰러지며 집들이 파괴되었다. 형들의 아내는 죽을 정도로 두려움에 떨었고 구석에 몸을 숨겼다. 막내는 그 시간에 바닷가에 홀로 앉아 있었다. 그때 천둥이 쳤다. 그는 놀랐다. 왜냐하면 모든 것이 너무 고요했는데 갑자기 천둥이 치고 다음에 그 주위에 무서운 회오리바람이 불어 대고 있었기 때문이다. 그때 그는 어떤 새가 그 위를 날아가는 것을 알아차렸다. 새는 날아갔고 불의 흔적이 그 새를 따라 늘어질 정도로 밝게 타오르고 있었다. 막내의 머리 위를 날아가는 새는 인간 목소리로 말했다.

"만약 네가 강한 영웅이 되면 나를 찾게 될 것이며 만약 어리석은 인간이 되면 나를 찾지 못할 것이다. 나의 껍질을 너의 형수들이 불에 태워 버려서 나는 나의 아버지에게로 날아가는 것이다."

그녀는 그렇게 말하고 나서 그에게 볏 반쪽을 던지고 모습을 감췄다. 막내는 바다의 모래 기슭을 따라 북쪽으로 걸어갔다. 바닷가를 걷다가 기슭에서 바다로 헤엄쳐 가려고 하지만 하지 못하는 물범을 보았다. 그는 물범을 도와서 헤엄쳐 갈 수 있게 했다. 앞으로 계속 걸어가다가 새 둥지에서 뱀이 새끼들을 먹으려는 것을 보았다. 그는 뱀을 죽여서 새끼 새들을 구했다. 계속 걷다가 일곱 사람들을 태운 배가 곶에 난파되려는 것을 보았다. 그는 해변가에 앉아서 배가 다가오기를 기다렸다. 배가 그와 나란히 되었다. 그는 말했다.

"안녕하세요!"

"안녕!"

일곱 명이 그에게 대답했다.

"소식이 없나요? 어디로 가시는 거죠? 어디로 향해 가시는 거예요?"

막내가 물었다.

"우리는 시합을 하러 가는 거야."

그들이 대답했다.

"그럼 저를 데리고 가 주세요."

배에 타고 있던 사람들이 대답했다.

"우리가 어떻게 데리고 가? 우리 배는 작고 일곱 명만 태울 수 있어. 우리는 지금 서둘러 가야 해. 내일 시합이 시작되거든."

그들은 이 말을 하고 계속 노 저었으며 기슭으로 다가오지 않았다. 이후 또 배 한 척이 떠가고 있었다. 거기에는 여섯 명이 타고 있었다. 그들 역시 그를 태우고 가지 않았다. 그런 다음 또 한 척의 배가 다섯 명을 태우고 왔다. 그 배도 태우지 않았다. 그 뒤를 따라 또 한 척의 배가 네 명을 태우고 왔다. 그들도 막내를 태워 주지 않았다. 다음에 세 명을 태운 배가 또 한 척 왔다. 그들도 태워 주지 않았다. 그렇게 그들은 시합에 서둘러 갔다. 바로 저기에 배가 또 한 척 보였지만 지나쳐 갔다. 잠시 후 또 배가 한 척 보였고 그 배에는 한 명만 타고 있었다. 그는 배 위에서 내내 달렸다. 그는 앞으로 달려가서 노를 저었고 그런 다음 다시 선미 쪽으로 달려가 배를 조종했다. 그는 달려서 지쳐 있었다. 바로 그때 그 배는 막내를 지나쳐 가고 있었다. 그때 막내가 말했다.

"어이, 영웅님, 안녕하세요."

그러자 그 사람이 막내에게 대답했다.

"안녕!"

"외롭게 어디로 그렇게 서둘러 가세요? 여기로 와서 저와 함께 새로운 일을 만들어요!"

막내가 물었다. 그 사람은 정박하고 막내를 태우고 배를 몰았다. 그런 다음 말했다.

"이제 시합하러 갑시다. 원한다면 함께 가요!"

"좋습니다."

막내는 동의했다. 그들은 둘이서 갔다. 저녁이 왔을 때 그들은 저 멀리 대도시를 보았다. 거기를 향해 노를 젓기 시작했다. 계속 저어서 도시에 도달했다. 그들은 힘겹게 숙박할 곳을 찾았다. 거대한 도시의 기슭은 배로 가득 찼다. 커다란 강의 하구에 정박해서 모기장을 설치했다. 모기장을 치고 잠자리에 들었다.

아침에 일어난 또 한 사람의 영웅은 시합 장소로 갔고 막내는 모기장 속에 남아 있었다. 그러나 다음 막내는 시합을 시작해야 한다고 결심하고 다듬어진 벚나무 지팡이를 찾았다. 딱! 막내는 자신의 머리를 쳤다. 파리로 변해 도시로 날아갔다. 도시의 중심에 도착해서 거대한 집의 마당에 내렸다. 거대한 집은 아름답고 높았다. 집 주변에 수없이 많은 영웅들, 남녀 하인들이 시합을 보기 위해 모였다. 막내는 땅에 앉아 다시 인간이 되었다. 그는 셰르샤바야 플레시로 변했다. 그의 옷은 찢어지고 소금에 절여져 반질반질했으며 그 자신은 볼품이 없게 되었다. 저 멀리서 보니 시합이 시작되었다고 사람들이 말했다. 황제가 시합을 보기 위해 현관으로 나왔다. 황제의 딸도 나왔다. 막내는 황제의 딸을 보았다. 바로 자신의 아내였다. 시합이 시작되었다. 황제가 말했다.

“그럼 첫 시합은 다음과 같다. 상인들이 쌀자루를 땅에 쏟을 것이다. 재빠른 사람, 눈이 좋은 사람, 힘이 센 사람은 한 톨도 놓치지 않고 전부 모을 것이다.”

영웅들은 쌀을 모으기 시작했다. 그들은 세기 시작할 것이다. 그러나 아무리 잘 센다고 해도 한 톨도 놓치지 않고 하기는 힘든 일이다. 그때 황제의 딸이 말했다.

“아버지, 셰르샤바야 플레시도 모을 수 있게 해 주세요.”

“어이, 너, 셰르샤바야 플레시, 가까이 오너라! 만약 원한다면 땅에서 씨앗을 모아라! 씨앗을 전부 찾으면 나의 딸을 너에게 아내로 주겠다. 그러나 찾지 못하면 너를 죽이라고 사람들에게 명령하겠다.”

황제가 말했다.

“그렇다면 좀 더 멀리 떨어지십시오!”

셰르샤바야 플레시가 말했다. 그리고 자신은 숲으로 멀리 가서 그루터기에 앉았다. 그가 거기에 앉아 있을 때 새가 날아와서 물었다.

“영웅이시여, 당신은 앉아서 무슨 생각을 하고 있습니까?”

“나는 어찌할 바를 모르겠어. 흩어진 쌀을 어떻게 모을 수 있겠어?"

막내가 그녀에게 말했다.

"괜찮아요, 제가 도와드릴게요. 지금 제가 동료들을 모두 불러서 전부 모아 드릴게요."

새가 말했다. 그 새들은 모으기 시작했고 씨앗을 전부 찾았다. 셰르샤바야 플레시는 황제에게 모은 씨앗을 가져다주었다. 황제는 말했다.

"그래 이제 돌이다. 이 돌은 시합을 위한 돌이다. 매우 크고 아주 무겁다. 이 돌을 누구보다도 높이 들어 올리는 사람은 강력한 영웅이며 내 딸을 그자에게 주겠다."

영웅들은 그 돌을 들어 올리기 위해 잡았다. 그들 중 몇몇은 그것을 조금도 움직일 수 없었고 다른 이들은 무릎까지만 올렸고 또 다른 이들은 허리까지 올렸으며 또 다른 이들은 어깨까지 들어 올렸다. 그때 황제의 딸이 말했다.

"그럼 셰르샤바야 플레시가 해 보게 하세요."

셰르샤바야 플레시가 다가와서 돌을 잡고 들어 올렸다. 그는 가볍게 들어 올린 후 자리에 놓았다. 그런 다음 다시 그 돌을 잡아 다리로 걷어찼다. 돌은 위로 곧장 날아갔고 거대한 바다 가운데에 떨어졌다. 그때 황제가 화를 내며 욕하기 시작했다.

"개새끼! 나의 돌을 찾지 못하면 너를 죽이겠다!"

막내, 세르샤바야 플레시는 바닷가로 갔다. 조금 가서 바닷가에 앉았다. 그가 거기에 앉아 있을 때 물에서 물범이 나와 물었다.

"영웅이시여, 왜 여기 앉아 있는 겁니까? 무슨 생각을 하고 있습니까?"

"시합에 썼던 돌을 어떻게 꺼낼지 생각이 나지 않아. 그 돌은 바다에 떨어졌거든."

"제가 그 돌을 알고 있습니다. 좋아요, 우리가 그 돌을 당신께 가지고 오겠습니다. 걱정 마세요! 여기서 조금 기다리세요!"

물범이 말했다. 이 말을 하고 나서 물범은 바다로 사라졌다. 얼마 후 바다가 끓는 것 같았다. 수많은 물범이 바다에서 그 돌을 끌고 오는 것이었다. 물범들은 그 돌을 기슭으로 끌고 와서 거기에 놓았다. 막내는 이 돌을 들고 다시 위쪽으로 걷어찼다. 돌은 전에 놓였던 자리에 떨어졌다. 막내는 황제에게 돌아와 말했다.

"자, 황제여, 제가 당신 돌을 찾아서 예전 자리에 놓았습니다."

"나에게 또 하나의 과제가 있어요. 당신들 각자에게 제가 볏의 반을 드릴 겁니다. 누구의 반이 나의 것과 맞는지 보고, 그 사람에게 시집을 갈 겁니다."

황제의 딸이 말했다. 각자에게 볏의 반을 주었고 그들과 맞춰 보았다. 모두 맞춰 보았다. 그 누구의 볏도 맞지 않았다. 가장 마지막에 셰르샤바야 플레시의 것과 맞춰 보았다. 맞춰 보니 딱 맞았다. 모든 사람들이 주의 깊게 살펴보았지만 정말 딱 맞았다. 이것으로 시합은 끝났다. 황제의 딸은 셰르샤바야 플레시와 결혼해야 했다. 그가 '딱!' 하고 자신의 머리를 때리자 잘생기고 힘센 영웅이 되었다. 그는 거기서 살았다. 황제의 딸과 결혼도 했다. 황제는 곰의 주인이었다고 한다. 그는 우리 영웅에게 자신의 도시 반을 주었고 반은 자신이 가졌다. 거기서 그들은 지금까지 아들, 딸 낳고 잘 살고 있다. 어느 날 난 그들의 집에 놀러 갔고 거기서 음식 대접을 받았고 차도 마셨다. 그러나 음식은 한 조각도 입안으로 들어가지 않았다.

뱀 악마

옛날 옛적에 노부부가 살았다. 오랫동안 살았다. 할머니는 임신을 했고 아들을 낳았다. 아들은 계속해서 울었다. 부부는 그를 달래는 것에 지쳤다. 어느 날 아버지는 아들을 얼렀고 어머니는 자려고 누웠다. 꿈에서 아들이 그에게 신발, 모자, 옷, 장갑, 스키, 활과 화살을 만들어 달라고 부탁했다. 할머니가 일어났다.

"영감, 아들에게 스키를 만들어 줘요. 활과 화살도요!"

그때 할머니는 아들을 위해 모든 사냥도구를 만들어 주었고 할아버지는 필요한 모든 것을 만들었다. 어머니는 아들에게 옷을 입히고 장갑에 지팡이를 꿰맸고 신발에 스키를 꿰맸다. 그때 그들의 아들은 울음을 그쳤다. 하하하! 웃기 시작했다. 비록 아직 어린 아들이지만 아들은 문밖으로 나가서 웃었다. 그는 그렇게 걸어갔다. 걷다가 사냥꾼들을 만났다. 거기에는 젊은 사람도 있고 나이 든 사람들도 있었다. 저녁이 왔다. 그들은 잠자리를 마련했다. 그러나 소년은 전나무 가지 밑에 섰다. 그 누구도 그를 알아채지 못했다. 어두워졌다. 그들은 모닥불을 지폈다. 소년은 모닥불 가에 섰지만 그 누구도 그를 보지 못했다. 노인은 모닥불을 피우러 갔다. 그는 장작을 모으다 그를 보았다.

"불쌍한 소년아! 내가 너를 집으로 데리고 가야겠구나."

노인은 소년을 자기 집으로 데리고 갔다.

"스키를 벗자."

그가 말했다.

"필요 없어요!"

소년이 대답했다.

"지팡이를 저기 두자."

"지팡이를 뗄 필요가 없어요! 이대로 잠자리에 들어요."

아침에 일어났다. 노인이 말했다.

"나는 너를 우리 집으로 데리고 갈 거야."

노인은 그를 집으로 데리고 갔다. 그가 아들을 어깨에 메자 소년이 말했다.

"나를 어깨에 메지 마요! 띠로 둘러업는 게 나아요. 그 끝을 손으로 잡으세요. 제가 앞에 갈 테니 제 뒤를 따르세요."

소년은 노인을 끌고 갔으며 그를 집으로 인도했다. 노인은 지쳤다. 노파는 밖으로 나왔다.

"어떤 아이를 찾은 거야, 아주 힘센 아이야?"

노파가 그의 신발, 옷, 스키를 칼로 벗겨 냈다. 소년은 조금 자랐다. 그런 다음 잠자리에 누웠다. 아침에 일어나자마자 소년이 말했다.

"전 꿈에서 오늘 악마가 오는 것을 보았어요."

뱀이 왔을 때 아직 태양이 다 뜨지 않았다. 소년은 노인의 망치를 들고 악마의 머리를 때렸다. 악마는 그를 잡고 연한 살을 누르고 밖으로 던졌다. 악마는 다시 집 안으로 들어왔다. 그러나 그 뒤를 따라 소년도 왔다. 그는 조금 더 키가 자랐다. 들어와서 다시 두 개의 머리를 망치로 쳤다. 그때 악마는 다시 그를 누르고 밖으로 던졌다. 다시 그는 돌아왔다. 소년은 아주 커졌다. 그가 남은 머리 네 개를 때리자 악마는 죽었다. 그때 소년이 말했다.

"할아버지, 할머니, 전 저의 부모님에게로 갈 겁니다. 당신의 악마를 제가 죽였어요. 더 이상 악마는 오지 않을 거예요."

그들은 그의 부모에게로 함께 갔다. 소년은 노부부를 태우고 갔다. 그는 다시 부모와 만났다. 아버지에게 고기, 생선을 싣고 왔다.

"나에게도 아들이 있었습니다. 그 아이는 아직 어렸을 때 우리를 떠났어요. 이제 나의 아들은 이 아이처럼 이렇게 성장했을 겁니다. 순록을 잡고 생선을 낚을 겁니다."

아버지가 말했다. 그러자 소년이 말했다.

"아빠, 제가 아들이에요. 엄마, 제가 아들이에요."

그렇게 그들은 살았다.

하다마하

옛날 옛적에 누나와 어린 남동생이 있었다. 그들은 둘이서 살았다. 그들은 사냥을 함께 다녔으며 장작도 함께 모았다. 그렇게 남매는 살았다. 그렇게 살다가 어느 날 동생이 화살을 들고 집에서 나갔다. 그런 다음 작은 만으로 향했다. 그는 만에 가서 물고기가 가득한 것을 보았다. 집으로 달려가 누나에게 말했다.

"나 지금 만에 물고기가 많은 걸 봤어."

"동생아, 낚시하러 가자."

"좋아, 누나!"

그들은 낚시 도구를 챙겨 만으로 갔다. 그들은 낚시를 해서 물고기를 낚았는데 일부는 놓아주었다. 그렇게 둘이서 낚시를 했다. 잠시 후 동생이 위를 보았는데 별이 밝게 빛나고 있었다. 그들은 걱정이 되어서 잡은 물고기를 버들가지에 꿰어 집으로 달려갔다. 문 앞에 다가가 그들은 다투기 시작했다. 누나가 동생에게 말했다.

"네가 먼저 들어가!"

그러자 동생이 누나에게 말했다.

"누나가 먼저 들어가! 누나가 먼저 태어났잖아!"

"네가 먼저 들어가! 넌 남자고 사냥도 혼자 다닐 거잖아."

"그럴 거야. 누나가 먼저 들어가!"

"내가 먼저 들어가길 원한다면 내 허리에 있는 가방과 칼의 손잡이를 꽉 잡아."

"잡고 있어."

그때 누나는 자작나무 문의 손잡이를 잡고 집으로 들어갔다. 거기 집에 있는 누군가가 누나를 끌어당겼다. 칼과 가방이 떨어져 나갔다. 집에서 누나의 커다란 비명 소리가 들렸다.

"아이고, 아이고."

동생은 달려가서 창고 밑에 바로 누웠다. 그는 자고 일어났다. 일어나서 보니 해가 이미 중천에 떠 있었다. 그때 그는 집으로 들어갔다. 보니 누나도 누나의 물건도 없었다. 그는 자신의 집에서 그렇게 살았다. 외롭게 살면서 강한 남자로 성장했다. 이미 성인이 된 어느 날 강으로 내려갔다. 내려가서 자작나무로 짠 배를 잡고 바닥이 아래가 되도록 뒤집었으며 그 배에 올라타고 노를 잡았다. 그는 강 흐름을 따라 아래로 노 저어 가려고 했지만 배는 꼼짝도 하지 않았다. 강을 가로질러 노를 저으려 했지만 배는 꼼짝도 하지 않았다. 배는 저절로 강의 흐름을 따라 위로 가고 있었다. 흐름을 따라 위로 가면서 동생은 놀고 있는 남자아이 두 명을 보았다. 동생은 남자아이들이 놀고 있는 그곳으로 다가갔다. 기슭에 닿아 남자아이들을 자기 쪽으로 불렀다. 남자아이들은 동생에게 다가왔다. 그때 동생은 그 아이들에게 물었다.

"얘들아, 너희 엄마는 무엇을 하니?"

"엄마는 원형 천막집을 만들어요." 아이들이 대답했다.

동생은 막대기를 들고 끝을 대패로 밀어 아이들에게 주었다.

"얘들아, 집으로 가서 너희 엄마가 만드는 원형 천막집을 뚫고 나에게 달려와. 밖으로 나와서 너희 엄마에게 말해. '엄마, 삼촌이 왔어'라고 말이야. 이 말을 하고 빨리 달려와!"

먼저 동생은 아이들에게 자신의 토시를 주었다. 그는 아이들에게 말했다.

"엄마에게 가서 말해. '엄마, 삼촌이 왔어!'라고 말이야."

아이들은 삼촌이 말한 것처럼 집으로 달려갔고 집에 당도할 때까지 달렸다. 아이들은 들어가서 엄마에게 말했다.

"엄마, 삼촌이 왔어! 엄마, 이게 삼촌의 토시야!"

엄마는 토시를 보더니 아이들에게 달려들었다.

"이런 장난꾸러기들! 내 상자 속에 있는 삼촌의 토시를 가지고 갔구나! 요런 나쁜 녀석들! 너희는 왜 삼촌에 대해 터무니없는 말을 지어내는 거지? 삼촌은 오래전에 죽었어!"

엄마는 야단을 치고 그들을 밖으로 내쫓았다. 아이들은

삼촌에게 돌아왔다. 그때 그는 아이들에게 자신의 귀고리를 주었다. 아이들은 그것을 엄마에게 가지고 갔다.

"엄마, 이건 삼촌의 귀걸이예요! 엄마, 삼촌이 줬어요."

엄마는 귀고리를 보고 아이들에게 달려들었다. 그녀는 귀고리를 빼앗았다. 아이들은 밖으로 달려 나가면서 엄마가 만들고 있는 원형 천막에 구멍을 냈다. 그들은 삼촌이 있는 기슭으로 달려갔고 그 뒤를 따라 엄마가 손에 막대기를 들고 쫓아왔다. 그들은 삼촌에게 달려왔고 엄마는 거기에 다가왔다. 그녀는 자신의 동생을 보고 울었다.

"동생아, 여기 왜 왔어? 내 남편이 악마와 싸우고 있어. 그는 전쟁터로 갈 때 곰 가죽을 입었어. 목에 흰 얼룩이 있는 곰이야."

누나는 동생을 집으로 데리고 갔다. 누나는 동생을 실컷 먹였다. 먹인 후 동생을 숨겼다. 숨기자마자 누나의 남편이 돌아왔다. 남편은 집으로 들어와 곰의 가죽을 벗었다. 그가 가죽을 벗으면서 아내에게 물었다.

"여보, 처남이 왔어? 처남 냄새가 나는데."

"여보, 당신은 어떤 처남에 대해 말하는 거예요? 당신 처남은 오래전에 죽었어요. 오늘 우리 아이들이 자기 삼촌의 옷자락을 가지고 놀았어요. 그 냄새일 거예요." 아내가 남편에게 대답했다.

"내가 인간과 천 조각의 냄새도 구분하지 못한단 말이오? 여보, 처남을 내놓는 것이 좋을 거야! 난 그에게 아무 짓도 하지 않을 거야. 처남은 나에게 화가 나 있겠지. 내가 당신을 훔쳐서 아내로 삼았으니까. 그 일 때문에 처남은 나에게 화가 나 있을 거야." 남편이 아내에게 말했다.

남편의 그런 말을 듣고 난 후 아내는 동생을 데리고 나왔다. 남편은 처남의 얼굴에 키스를 했다. 아내는 자신의 동생 얼굴을 보고 남편에게 말했다.

"여보, 왜 처남 얼굴에 키스를 하는 거예요? 얼굴 주위에 신선한 살점이 드러나고 있잖아요."

남편은 처남을 보고 말했다.

"내가 잘못했어. 퉤, 퉤, 퉤."

그는 침을 뱉고 손바닥으로 처남의 얼굴을 만졌다. 동생의 얼굴은 이전과 똑같이 되었다. 그런 후 동생은 잠자리에 누웠다. 아침에 그가 일어났을 때 그의 매형은 아침 식사를 한 후 적과 싸우러 갔다. 동생은 집에 남아 있었다. 그는 그의 매형이 전투를 벌이는 이틀 동안 있었다. 3일째 되는 날 결심했다.

"누나, 난 갈게. 매형이 싸우는 것을 볼 거야."

"동생아, 가지 마! 잘못하면 매형을 맞히게 돼!" 누나가 말했다.

"누나, 걱정할 거 없어. 난 멀리서 볼 거야."

"동생아, 매형의 적은 강해. 그의 눈에 띄게 되면 오래 살지 못해."

동생은 누나의 말을 듣지 않고 화살을 들고 갔다. 떠날 때 누나가 그에게 말했다.

"동생아, 매형을 맞히게 될 거야. 얌전히 앉아 있어, 가지 마! 만약 화살을 쏜다면 매형을 쏘아. 그러면 넌 그의 적을 죽일 수 있어. 적을 쏘면 매형에게 화살이 떨어져."

동생은 갔고 누나의 말을 귀 기울여 듣지 않았다. 누나는 집에 앉아 울었다. 동생은 두 마리의 곰이 싸우는 곳으로 곧장 걸어갔다. 하얀 반점이 있는 곰이 있었고 다른 곰은 반점이 없었다. 동생은 거기로 다가가 앉았다. 오랫동안 앉아 있는데 어떤 생각이 떠올랐다.

'괜찮아, 내가 그의 적을 맞힐 수 있어.'

동생은 그렇게 생각하고 잠시 호흡을 가다듬었다. 그는 자신의 활을 들고 화살을 메긴 다음 준비하고 앉았다. 그때 매형의 적이 위에 나타났다. 동생은 참지 않고 화살을 쏘았다. 매형이 소리를 지르더니 죽었다. 그러나 적은 도망갔다. 동생은 또 한 번 화살을 쏠 수가 없었다. 동생은 매형을 죽이고 강으로 달려갔다. 도중에 그는 암곰을 만났다. 새끼 곰 두 마리가 엄마의 뒤를 따라 달려갔다. 암곰은 저 멀리서 인간의 목소리로 말했다.

"동생아, 내가 너에게 말했잖니. 네가 매형을 죽이게 될 거라고. 그렇게 되었어. 동생아, 이제 네가 우리를 먹여 살려야 해. 물고기를 잡고 묶어서 물에다 놓아라. 우리는 그것을 먹을 것이다. 동생아, 네가 어디를 가든 우리도 갈 거야. 넌 우리에게 줄 먹이로 계속해서 물고기를 잡아야 할 거야. 너의 누나인 난 곰이 되어서 타이가에 살아야 해."

이 말을 하고 곧장 타이가로 갔다. 누나가 떠난 후 동생은 울었다. 울면서 그는 기슭으로 내려갔고 자신의 배를 타고 자기 집으로 갔다. 돌아와서 주변의 땅을 걸어 다녔다. 걷고 또 걸었다. 그리고 마침내 암곰의 발자국을 발견했다. 그 후 그는 물고기를 낚아 묶어서 물에 놓았다. 그런 다음 다시 와서 그가 던진 물고기가 전부 먹어 없어졌는지 보았다. 그때부터 동생은 계속해서 낚시를 했다. 잡아서 놓고 가면 그들이 먹어 치웠다. 어느 정도의 시간이 흘러 동생은 다른 강으로 갔다. 그는 새끼 곰 두 마리를 데리고 가는 암곰이 이미 거기에도 왔다는 것을 알았다. 거기서 그는 물고기를 잡아 놓고 그들은 먹어 치웠다. 다시 동생은 거기서 다른 멀리 떨어진 장소, 새로운 강으로 옮겼다. 그는 생각했다.

'누나가 여기는 올 수 없을 거야.'

동생은 와서 다시 곰의 발자국을 발견했다. 이 곰은 새끼 곰을 두 마리 데리고 있었다. 그는 생각했다.

'누나가 여기로 오지 않을 거야.'

그는 덫활을 재빨리 잡고 함정을 놓고 자신은 초막으로 갔다. 이른 아침에 그는 덫활로 갔다. 덫활은 이미 작동했다. 곰은 그 자리에서 죽었다. 죽은 곰을 보고서 그는 기뻐했다. 그러나 두 마리의 곰 새끼들은 나무 위로 기어 올라갔다. 동생은 곰의 가죽을 벗기기 위해 자신의 칼을 날카롭게 갈았다. 간 칼로 가죽을 벗겼다. 바로 그의 칼은 누나의 장식물들에 꽂혔고 쨍그랑 소리를 냈다. 그때 동생은 누나를 죽였다는 것을 알았다. 동생은 누나였던 곰은 내버려 두고 조카들을 자기 집으로 데리고 갔다. 그는 물고기를 잡아 그들을 먹였다. 이제 동생은 타이가로 가지 않았다. 그는 가을이 온 것도 알아채지 못했다. 어느 날 동생은 잡은 생선을 들고 집으로 돌아오다가 곰 새끼들이 아궁이를 파헤치고 있는 것을 보았다. 동생은 곰 새끼들에게 물었다.

"애들아, 너희는 왜 아궁이를 파고 있는 거니? 이건 부끄러운 짓이야!"

"삼촌, 우리는 굴을 만들려고 하는 거예요." 곰 새끼들이 대답했다.

삼촌이 말했다.

"좋아, 내일 내가 너희에게 굴을 만들어 줄게."

동생은 이른 아침 일어나서 굴을 만들러 갔다. 그는 굴을 만들어서 거기에 새끼 곰들을 옮겼다. 곰 새끼들은 자신의 굴에서 겨울을 났다.

삼촌이 그들에게 말했다.

"멀리 가지 마, 누구든지 너희를 죽이도록 하지 마."

곰 새끼들은 잠을 잤다. 봄이 되어, 4월에 그들은 일어나 밖으로 나와 잠을 푹 잔 것을 기뻐하면서 뛰어다녔다. 낯선 사람들이 그들의 흔적을 발견했다. 그들은 동생 곰을 따라가서 죽였고 형 곰은 처음에 괴로워하다가 그들에게 죽임을 당했다. 동생은 곰 새끼들이 돌아오는 것을 기다릴 수 없어서 그들의 굴로 갔다. 그는 다가가서 발자국을 보았다. 새끼 곰의 발자국을 따라 걸었다. 낯선 사람들의 발자국이 보였다. 그는 이 발자국을 따라 곧장 갔다. 계속 걷다가 동생 곰이 죽은 장소를 발견했다. 조금 더 가니 형 곰이 죽은 장소도 발견했다. 동생은 무섭게 화가 났다. 그는 곰 새끼들을 죽인 사람들을 죽이기 위해 달려갔다. 그는 그들이 있는 곳에 도착해서 야자나무로 문을 열고 야자나무를 든 상태로 문에서 꼼짝도 하지 않고 준비하고 있었다.

"운을 시험해 봐! 내가 너희를 죽일 수 있게 밖으로 나와! 어제 너희는 누구를 죽인 거야? 곰이라고 생각했지?" 동생이 그들에게 말했다.

살인자들은 동생을 보고 놀라 말했다.

"우리는 아무것도 몰라요. 우리에게 화내지 마세요. 우리가 잘못했으니 아가씨를 아내로 드리리다."

동생은 동의했다. 동생은 곰 고기를 전부 들고 어딘가에 버렸다. 살인자들은 그에게 아가씨를 신붓감으로 주었다. 동생은 자신의 아내를 데리고 이전보다 일곱 배 더 부자로 살게 되었다.

두 미녀

옛날 옛적에 두 명의 미녀가 오리를 잡아서 집으로 데리고 갔다. 오리는 영웅으로 변신했고 두 미녀에게 장가를 들었으며 그들의 집에서 살게 되었다. 오리는 사슴을 죽이고 짐승을 매우 많이 잡았다. 그러나 아내 둘만 먹었다. 그들은 그렇게 살았다. 그러다 남편이 없어졌다. 한 달, 두 달, 1년이 되었다. 언니가 제안했다.

"동생아, 우리 남편이 왜 사라졌는지 알아보자."

그들은 굿을 했다. 그들은 샤먼이었던 것이다. 두 명의 샤먼! 언니가 말했다.

"동생아, 동생아, 느껴져, 그는 병에 걸렸어. 등이 아파 보여. 그가 높은 나무 아래 담요를 펴고 등을 데우고 있는 게 보여. 난 그게 느껴져. 내일 정오에 그가 지팡이 두 자루를 들고 올 거야."

그러자 동생이 말했다.

"뭘 해야 한다면 내 식대로 할 거야. 난 그가 하늘 사람의 딸과 결혼했다는 게 느껴져. 거기에 살고 있어. 그에게 아들이 있어. 그는 아이를 어르면서 자장가를 불러 주고 있어. 아이를 스라소니 가죽으로 덮고 스라소니 뼈와 요람의 장식

물로 두드려. 요람을 굽어 있는 은색 손잡이로 덮어 흔들고 있어. 그의 아들 엄마의 머리는 7사젠이야. 그는 요람을 아이 엄마의 머리로 꼰 밧줄에 달아서 흔들고 있어. 바로 이게 내가 본 거야."

굿을 끝내고 자려고 누웠다. 언니는 아침에 일어났다. 밖으로 나가 노동을 하고 집에 돌아와서도 노동을 한다. 개가 짖었다.

"멍, 멍, 멍!"

언니가 밖에 나가 보고 말했다.

"동생아, 동생아! 우리 남편이 돌아오고 있어."

남편은 집으로 돌아왔다. 아내는 그에게 먹을 것을 내왔다. 그는 한숨을 쉬며 먹었다. 이때 동생이 일어나서 샤먼들이 들고 다니는 소고를 들었다.

"난 봤어요. 당신이 하늘 사람의 딸을 아내로 삼고 그녀에게서 아들을 얻은 것을요." 동생이 말했다.

"이 여편네가! 어떻게 이럴 수 있지? 이 여자는 그 모든 것을 어떻게 알 수 있는 거지? 하, 하, 하!"

남편은 놀랐다. 그리고 그는 웃었고 그가 병이 났다는 느낌은 전혀 들지 않았다. 그는 다시 사슴을 잡았다. 그는 그 집에 살면서 다시 타이가로 떠났다. 언니가 동생에게 말했다.

"하늘 여자를 죽이자!"

동생은 수호 정령과 함께 하늘 여자를 죽이러 갔다. 그녀는 아내와 아이를 죽였다. 그런 다음 밖으로 나가 자신의 머리를 때리고 개로 변했다. 개는 강의 흐름을 따라 아래로 갔다. 거기에서 젊은 청년들이 배를 만들고 있었다. 개가 다가가 배 주위에 앉았다.

"개가 물건을 전부 먹겠어. 쫓아!"

그들은 개를 때렸고 개가 말했다.

"당신들은 나의 외양을 좋아하게 될 겁니다. 나의 모습을 보면 놀랄 거예요."

개는 도망갔다. 개가 도망갈 때 청년들은 놀랐다.

"무슨 개가 인간처럼 말을 하지!"

개는 계속 달렸다. 오래 달리다 보니 어떤 노인이 배를 만들고 있었다.

"개가 왜 달려오지?" 노인이 물었다.

그는 개를 잡은 다음 개에게 고기를 던져 주었지만 개는 먹지 않았다. 그릇에 담아 주었다. 개가 먹었다. 노인은 자신의 맞은편에 개가 잘 잠자리를 마련해 주고 잠자리에 들었다. 그가 아침에 일어나 개를 보니 개는 너무나 아름다운 미녀로 변했다. 노인은 미녀와 결혼했다. 그때 개를 때렸던 청년들이 왔다. 길을 가는 도중에 노인을 방문한 것이었다.

그들은 집으로 들어가 미녀를 보고 그녀를 응시했다. 미녀가 그들에게 말했다.

"손님, 당신들의 옷과 신발이 타고 있어요."

"당신들은 왜 내 아내를 뚫어지게 쳐다보는 것이오? 무엇에 놀란 것이오? 강을 따라 위로 헤엄쳐 가는 장어를 잡으시오. 잡아서 같이 잠자리에 드시오. 장어가 미녀로 바뀔 것이오. 나도 장어와 같이 자고 아내를 얻었소." 노인이 말했다.

그들은 집으로 가서 장어를 잡아 같이 잠자리에 들었다. 장어는 완전히 죽어 버렸다. 노인은 그렇게 미녀와 살았다.

일곱 늑대

옛날 옛적에 일곱 처녀가 살았다. 여섯은 하늘에서 살았고 맏언니는 집에서 살았다. 어느 날 여섯 미녀가 지상에 있는 집으로 돌아갔다. 큰언니는 그들을 재웠다. 그러자 막내가 몸 뒷부분을 석탄으로 칠하고 주문을 외웠다. 큰언니가 웃었는데 동생들은 그녀의 입안에서 인간의 고기를 보았다. 그때 동생들은 자신의 스키를 들었다. 막내의 스키는 철끈이 달려 있었고 언니들의 스키에는 생선 가죽으로 만든 끈이 달려 있었다. 막내는 자루에 재 한 줌을 던져 넣고 돌, 빗을 가지고 갔다. 그들은 여섯이서 한꺼번에 떠났지만 일곱 번째로 출발했던 큰언니는 악마가 되었다. 큰언니의 스키는 없었다. 그녀가 소리쳤다.

"아래 동생의 끈을 끊어!"

스키의 끈이 끊어졌다. 바로 밑의 동생이 그 끈을 수선할 때 큰언니는 그 동생을 찾아 먹어 버렸다. 큰언니는 계속 앞으로 갔다.

"아래 동생의 끈을 끊어!"

끊어졌다. 큰언니는 두 번째 동생을 쫓아가서 먹었다. 먹고 나서 다시 걸어갔다.

"아래 동생의 끈을 끊어!"

그녀는 세 번째 동생을 쫓아가서 역시 먹었다. 먹고 나서 다시 소리쳤다.

"아래 동생의 끈을 끊어!"

그녀는 네 번째 동생을 쫓아가서 그녀를 먹어 치웠다.

"아래 동생의 끈을 끊어!"

끈이 끊어졌고 그녀는 다섯 번째 동생을 먹었다. 동생은 하나만 남았다. 그녀는 재를 던지며 말했다.

"짙은 안개가 생겨라!"

계속 갔다. 오랫동안 걸었다. 그때 큰언니가 다시 소리쳤다.

"막내의 끈을 끊어!"

막내는 걸으면서 빗을 던졌다.

"빗아, 빗아! 무성한 숲이 되어라! 지나다닐 수 없는 무성한 숲이 되어라!"

막내는 계속해서 걸으면서 소리를 들었다.

"막내의 끈을 끊어!"

그러자 막내는 돌을 던졌다.

"돌아, 돌아! 올라가기 힘든 절벽이 되어라!"

막내는 계속 걸었다. 강 맞은편 기슭에 노파가 살고 있는 장소로 왔다.

"할머니, 저를 강 건너로 실어다 주세요!"

노파는 대답했다.

"난 개를 먹을 거야."

"할머니, 저를 강 건너로 실어다 주세요!"

노파가 대답했다.

"기다려, 음식을 끓이고 있어."

"할머니, 빨리 실어다 주세요!"

노파는 대답했다.

"기다려, 국자를 핥을 거야."

마침내 노파는 자신의 다리를 다른 기슭으로 뻗고 나서 막내를 건네주었다. 미녀인 막내는 노파의 다리 위에 닿았다. 노파는 다리를 뻗어서 막내를 건네주었다. 노파는 막내에게 먹을 것을 주고 숨겨 주었다. 그때 악마가 된 큰언니가 왔다. 큰언니가 소리쳤다.

"할머니! 저를 건네주세요!"

노파가 대답했다.

"난 개를 먹을 거야."

"할머니, 악마가 제 뒤를 쫓아와요. 빨리 실어다 줘요!"

노파가 대답했다.

"기다려, 음식을 끓일 거야."

"할머니, 나를 실어다 줘요."

노파는 그녀를 실어다 주려고 갔다. 다리를 뻗고 말했다.

"내 다리 끝 엄지발가락에 앉아."

큰언니는 엄지발가락에 앉았다. 노파가 다리를 뻗자 악마는 물에 떨어졌고 강 물살에 떠내려갔다. 악마가 울었다.

"내 머리야, 늪의 둔덕이 되어라! 나의 머리카락아, 늪의 풀이 되어라! 나의 뼈야, 강에 장애물을 만들어라! 나의 눈아, 구슬이 되어라! 나의 피야, 붉은 돌이 되어라! 나의 고름아! 푸른 돌이 되어라! 나의 모든 시체야, 피를 빨아 먹는 날벌레가 되어라!"

노파의 일곱 아들이 저녁에 왔다. 그들은 일곱 늑대였다.

"엄마, 여기 미녀의 냄새가 나요."

엄마가 그들에게 대답했다.

"여기는 미녀가 없어."

엄마는 아들들에게 먹을 것을 주었고 그들은 잠자리에 들었다. 그들은 아침에 일어나 다시 사냥하러 타이가로 떠났다. 그러자 노파는 미녀인 막내에게 말했다.

"미녀야, 일어나!"

노파는 막내에게 먹을 것을 주었다. 막내가 먹을 때 노파가 그녀에게 말했다.

"내 머리에서 곤충을 찾아줘!"

막내는 곤충을 찾았고 노파는 잠이 들었다. 막내는 밖으로 나와 자신의 머리를 쳐서 섬 까마귀로 변신해 날아갔다. 계속 날았다. 한 영웅의 집까지 날아왔다. 그의 창고에는 고기가 많았다. 섬 까마귀는 창고에 앉았지만 고기를 쪼지는 않았다. 영웅은 집에서 나와 섬 까마귀를 보고 말했다.

"섬 까마귀를 잡아야지."

그는 올가미를 만들어 발을 향해 던져서 까마귀를 잡았다. 그리고 집으로 가지고 와서 문 옆에 묶고 까마귀에게 순록 고기를 먹으라고 주었다. 그런 다음 물을 길으러 갔다. 그는 물을 들고 집으로 돌아왔다. 그가 보니 그의 집에 어떤 미녀(막내)가 있었다. 그는 그녀와 결혼했다. 그들은 오랫동안 함께 살았고 아들도 태어났다. 아들은 성장했다. 그에게 일곱 개의 이빨이 생겼다. 어느 날 아침 그들은 일어났고 막내는 남편에게 말했다.

"우리 아들에게 일곱 개의 이가 자랐어요. 오늘 일곱 늑대가 올 거예요."

남편은 문 옆의 땅에 화살 일곱 대를 꽂았고 그 화살들은 포플러 일곱 그루로 변했다. 그러자 아내가 자신의 남편에게 부탁했다.

"가지 마요! 전 꿈에서 일곱 늑대가 우리에게 온 것을 봤어요."

남편이 대답했다.

"바보 같은 꿈이야, 개꿈이야!"

그는 떠났다. 그가 떠난 후 일곱 늑대가 나타났다. 막내는 연기 구멍으로 튀어나갈 수 있었지만 늑대들이 그녀의 아들을 먹어 치웠다. 막내는 굵은 나무 위에 앉았다. 늑대들은 나무를 물어뜯기 시작했다. 써걱, 써걱, 써걱, 계속 물어뜯었다. 그들은 나무 하나를 부러뜨렸고 땅에 쓰러뜨렸다. 막내는 다른 나무로 옮겨 갔다. 그때 까마귀가 날아왔다.

"누이야, 왜 우는 거야?"

"나의 남편에게로 날아가, 일곱 늑대가 그의 아들을 먹어 치웠다고 말해. 어서 날아가! 남편이 기름진 순록을 죽이면 내가 보답할게."

까마귀가 울었다. 까옥, 까옥! 그리고 날아갔다. 막내는 또 한 나무로 옮겨 갔다. 그때 독수리가 날아왔다.

"나의 남편에게 날아가! 어서 날아가! 일곱 늑대가 그의 아들을 먹었다고 말해."

독수리는 날아갔고 막내는 계속 울었다.

"여보, 여보, 빨리 와요. 일곱 늑대가 나를 죽이려고 해요."

또 한 나무가 쓰러졌고 일곱 늑대는 계속해서 물어뜯었다. 세 그루를 끝내고 네 번째 나무를 시작했다. 막내는 계속 울었다. 까마귀가 날아와 물었다.

"누이야, 깍깍, 왜 우니?"

"까마귀 오빠, 일곱 늑대가 나를 곧 먹을 거야. 또 한 나무가 쓰러졌어. 세 그루밖에 안 남았어. 내 남편에게 일곱 늑대가 아들을 먹었다고 말해 줘."

까마귀는 날아갔다. 그때 영웅은 순록을 잡아서 가죽을 벗기고 내장을 꺼내고 있었다. 까마귀가 그에게 말했다.

"영웅이시여, 깍깍, 일곱 늑대가 당신 아들을 먹어 치우고 당신 아내도 곧 죽일 것입니다. 세 그루밖에 안 남았어요."

그가 대답했다.

"까마귀야, 이 순록 한 마리를 먹어!"

자신은 걸어갔다. 걸어가면서 아내가 우는 소리를 들었다.

"여보, 여보! 전 일곱 늑대한테 곧 죽어요. 한 그루밖에 안 남았어요."

그때 영웅은 일곱 늑대가 나무를 물어뜯고 있는 것을 보았다. 화살 한 대를 쏘아서 늑대 한 마리를 쓰러뜨렸고 그의 동포들이 말했다.

"그는 약해, 누워서 쉬어."

또 한 마리를 죽였다. 남은 늑대들은 그가 약한 늑대라고 생각했다 세 번째, 네 번째도 죽였다. 이 늑대들도 약하다고 생각했다. 또 한 마리를 죽였다. 이 늑대도 약하다고 생각했다. 여섯 번째 늑대를 죽였다. 일곱 번째 늑대도 약하다고 생각했다. 모두 죽였다. 일곱 번째 늑대가 죽기 전에 말했다.

"나도 약해."

모두 죽었다. 나무는 한 그루가 남았다. 여섯 그루는 넘어졌고 한 그루만 서 있었다. 막내는 늑대의 머리를 모두 잘라 자작나무 광주리에 담고 고기를 끓였다. 밤을 넘겼다. 남편은 집에 남았다. 이때 늑대의 어머니인 노파가 와서 말했다.

"나의 아이들의 발자국이 여기로 나 있더구나."

막내가 대답했다.

"당신 아들들은 순록을 사냥하러 갔어요. 할머니, 일곱 늑대가 죽인 순록 고기를 드세요."

노파는 먹었다.

"나의 아이들의 냄새가 나!"

막내가 말했다.

"할머니, 자작나무 광주리를 가지고 가세요! 일곱 늑대가 당신더러 집에 가서 잠자리를 준비하고 이 광주리를 모포로 감싸고 그때 광주리 안에 무엇이 있는지 보라고 말했어요."

노파는 집으로 갔다. 오래 걷다가 까마귀를 만났다.

"할머니, 당신은 일곱 늑대의 머리를 가지고 가시네요."

"까마귀야, 나의 아이들은 기름진 순록을 잡았어. 부럽니?" 노파가 말했다.

노파는 계속 걸어갔고 새를 만났다.

"일곱 늑대의 머리를 가지고 가네, 짹짹!"

새가 소리쳤다. 노파가 대답했다.

"나의 아이들은 기름진 순록을 잡았어. 그 아이들을 질투하는구나."

노파는 집에 왔고 잠자리를 펴고 광주리를 모포로 덮은 후 광주리를 열었다. 일곱 늑대의 머리가 바닥에 굴렀고 각각의 머리는 자기 자리에 놓였다. 노파가 소리쳤다.

"난 내 아이들의 고기를 먹은 거였어! 이런 수치스러운 일이!"

노파는 띠를 잡고 목을 맸다.

용사 캅추나

옛날 옛적에 두 형제가 있었다. 그들은 커다란 집에 살았다. 그들에게는 부모가 없었다. 동생은 문 옆 위에서 잤다. 그들은 그렇게 살았다. 형은 창고에 음식을 가지러 갔다. 창고에는 신선한 고기도, 말린 고기도, 말 엉덩이 고기도 있었다. 그는 이 모든 것을 들고 집으로 가지고 가 동생에게 말했다.

"동생아, 먹어!"

동생은 형에게 아무 말도 하지 않았고 형은 동생에게 아무 말도 하지 않았다. 그들은 물건을 가지러 창고에 갔다 와서 먹는 일을 반복했다. 형은 어른이 되었다. 그는 사냥하러 다녔고 순록을 잡았다. 그렇게 그들은 거기에서 살았다. 형은 웬일인지 타이가로 가서 순록을 잡아 집으로 돌아왔다. 형이 문으로 들어오면서 말했다.

"안녕, 동생아!"

"안녕, 형!"

"형, 나보다 먼저 태어났으니 형이 말할 때까지 기다렸어."

그때부터 형제는 서로 이야기하기 시작했다. 그들은 사이가 좋았다. 형이 말했다.

"동생아, 나 갈게, 이제 너도 어른이 되었잖아. 너 스스로 여기 타이가에서 사냥할 수 있어. 난 떠날 거야."

그리고 그는 떠났다. 계속 걸어서 얼마나 걸었는지 알 수 없을 정도였다. 그렇게 계속해서 걸었다. 걸어서 어느 마을에 도착했다. 집에는 그 마을의 지배자가 살고 있었고 그 사람은 노인이었는데 아내와 남자아이가 있었다. 노인이 형에게 말했다.

"어디로 가는 것이냐? 넌 힘센 남자라는 것을 알겠구나."

"그 어디에도 가지 않아요. 토끼가 나의 덫활에서 도망쳤어요. 제가 가서 토끼를 찾을게요." 형이 대답했다.

"우리 집에서 묵고 가게. 난 자네에게 내 딸을 줄 거야." 노인이 말했다.

"감사합니다. 감사합니다." 형이 대답했다.

그러자 노인은 자신의 아들에게 명령했다.

"가서 누나를 데리고 오렴!"

그는 누나를 집으로 데리고 왔다. 굉장한 미녀였다. 그녀의 가운은 아름다웠고 몸매도 아름다웠으며 그녀 자신도 아름다웠다. 형은 그녀에게 장가를 갔다. 이후 말했다.

"장인어른, 허리띠를 주세요. 식사거리로 순록을 잡아 드리겠습니다."

노인은 그에게 허리띠를 주었고 형은 떠났다. 그는 저녁

늦게 돌아왔다. 딱딱 하는 소리가 들렸다. 노인이 말했다.

"여보, 저기 웬 바람이 불지? 가서 봐!"

"당신이 가서 봐!" 할머니가 대답했다.

노인은 창문을 통해 밖으로 튀어나가 사위가 다수의 순록을 끌고 오는 것을 보았다. 노인은 기뻐하며 자신의 넓적다리를 쳤다. 며칠 후 노인은 사위에게 먹거리로 순록을 또 한 마리 잡아 달라고 부탁했다. 이에 형이 대답했다.

"장인어른, 전 여기 오래 살지 않을 겁니다. 곧 떠날 거예요."

"매형, 저도 함께 갈게요. 둘이서 떠나요." 노인의 아들이 부탁했다.

"상관없어. 그러자."

아내는 형에게 말했다.

"떠날 때 고기를 가지고 가세요."

"아니, 싫어. 난 식량을 가지고 가지 않을 거야."

아내는 고기 세 덩이를 자작나무 껍질에 싸서 그에게 주었다. 그렇게 그들은 둘이서 떠났다. 계속 걸었다. 용사 캅추나는 서둘지 않고 걸었고 노인의 아들은 빨리 걸었다. 그는 피곤해서 완전히 녹초가 되었다.

"왜 피곤해? 아님 배고파?" 용사 캅추나가 그에게 물었다.

용사 캅추나는 노인의 아들에게 고기 한 덩이를 주었다.

"매형, 정말 너무하세요! 이걸로 배가 차겠어요?"

"먹어, 먹어!"

그는 먹었지만 아무리 먹어도 성에 차지 않았다.

"매형, 배불리 먹었어요. 드세요!"

그가 건네주었다. 용사 캅추나가 먹었다. 두 덩이를 먹었고 한 덩이만 용사 캅추나에게 남았다. 계속 걸어갔다. 다시 노인의 아들은 피곤했다.

"쉬자." 용사 캅추나가 제안하고 덧붙였다. "내가 화살을 쏠 테니, 어디로 떨어지는지 봐."

그는 활시위를 강하게 당겨서 화살을 쏘았다. 그리고 물었다.

"화살이 어디에 떨어졌어?"

"가까이에 떨어졌어요." 노인의 아들이 대답했다.

"아냐, 화살은 멀리 날아갔어. 세 번 밤을 새우고 찾을 수 있을 정도야."

그러나 화살은 강 옆에 떨어졌다. 이 강의 명칭은 야리강이다. 거기에서 곰 두 마리가 싸우고 있었다. 화살은 샤먼인 곰의 가슴에 꽂혔다. 그들은 걸어갔다. 계속 걸었다. 마침내 야리강을 만났다. 강에 다가가 화살대를 찾았다. 거기서 피투성이가 된 곰은 강으로 걸어갔고 다른 곰은 산으로 올라갔다. 그들은 곰의 발자국을 따라 걸었다. 오래 걷다가 커다란 집에 도착했다. 밖에 곰 가죽이 많이 걸려 있었다. 그들은 문을 잡고 곰의 집으로 들어갔다. 거기에 아이들과 어른들이 있었다. 상석에 나이 든 노인이 앉아 있었다.

"제 아들을 도와주셔서 감사합니다. 감사의 표시로 저의 딸을 당신께 드리겠소. 강기슭 저기 숲에 집이 있어요. 거기에 나의 딸이 살고 있소. 나의 집에서 오래 있지 말고 빨리 가시오!" 노인이 말했다.

그들은 밖으로 나갔다. 나가서 둘러보니 집은 없었다. 모든 곰들은 의논하고 타이가로 떠났다. 그들은 강으로 다가갔다. 거기까지 가는 데 오래 걸렸다. 거기 집이 있었다. 문을 잡고 들어갔다. 그들은 문에서 멈췄다. 집 안에 미녀가 있었다. 보기 드문 미인이었으며 재산도 많았다. 그녀는 용사에게 말했다.

"제 옆에 앉으세요!"

그녀는 용사와 노인의 아들을 대접했다. 그때 용사가 말했다.

"제 동생의 아내가 되어 주기를 청합니다. 내일 낮에 제 집으로 가시죠."

노인의 아들은 미녀를 용사의 동생의 아내로 데리고 갔다.

"난 샤먼의 발자국을 따라갈게." 용사가 말했다.

그는 강으로 내려가 자신의 머리를 때렸고 송어로 변했

다. 그렇게 그는 물을 따라 헤엄쳐서 바다의 다른 기슭으로 갔다. 그 기슭에 도착하자 다시 용사로 변했다. 거기에 집 한 채가 있었다. 집 안에 샤먼이 살았는데 매우 나이 든 노인이었다. 그는 침대에 앉아 인간의 고기, 인간의 다리와 머리를 끓이고 있었다. 퉤, 용사는 노인에게 침을 뱉었다. 노인의 얼굴에 바로 침을 뱉었다. 노인은 아무 말도 하지 않고 벽을 따라 더욱더 높이 갔다. 그러자 용사는 자기 화살촉을 선반에서 꺼냈다.

"몹쓸 노인! 나의 화살은 그로 인해 더럽혀지겠군."

용사는 화살을 허리춤 가방에 넣었다. 그런 다음 다시 노인에게 침을 뱉었다. 그는 그렇게 통나무 벽에 달라붙어 있었다. 그러자 용사는 밖으로 나가 그의 집을 불태우고 떠났다. 계속해서 걸었다. 그는 어느 노파에게 도착했다. 그녀의 눈은 멀었고 그녀의 집에는 장작이 없었다. 용사는 장작을 하러 갔다가 돌아왔다. 이제 노파에게는 장작이 한가득이었다.

"난 음식을 할 수 없어요." 노파가 말했다.

저녁에 그녀는 잠이 들었다. 그러나 용사는 자지 않고 누워 있기만 했다. 그는 자신의 옷을 벗어 소매를 통해 관찰하면서 일부러 코를 골았다. 사랑스러워 보이는 미녀가 밖에서 와서 노파의 솥을 들고 음식을 하기 시작했다. 그녀는 밖에서 식탁도, 숟가락도, 그릇도 가지고 왔다. 요리가 되었다. 그녀는 용사 앞에 음식을 놓고 그에게 먹으라고 했다. 용사는 계속 코를 골며 관찰했다. 미녀는 밖으로 나갔다. 그녀가 떠나자 토끼가 달려왔다. 토끼는 가서 노파의 상석에 앉았다. 토끼는 거기 계속 앉아 있었다. 그러자 눈먼 노파가 말했다.

"용사님, 가서 드세요! 전 눈이 멀었는데 요리를 어떻게 하겠어요?"

용사는 일어나 먹으러 갔다. 용사는 식사를 했다. 그릇 하나를 다 비웠다. 비우자 그릇에 다시 음식이 가득했다. 그렇게 용사는 계속해서 먹었다. 다 먹자 거기에 다시 음식이 놓이는 일이 반복되었다. 일곱 그릇을 먹자 배가 불렀다. 그가 그릇을 보니 거기에 다시 음식이 놓여 있었다.

"됐어요, 할머니!" 그가 말했다.

이 말을 하고 나서 용사는 잠자리에 누웠다. 그는 다시 소매를 통해 보면서 일부러 코를 골았다. 그때 토끼는 미녀로 변했다. 미녀는 다시 밖에다 식탁, 그릇을 놓았다. 그런 다음 토끼로 변해서 집으로 들어왔다. 용사는 잠이 들었다. 그는 아침에 잠이 깼다. 노파도 일어났고 토끼는 자기 자리에 앉아 있었다. 노파가 말했다.

"나의 토끼 딸을 당신에게 아내로 드리리다."

그러나 용사가 대답했다.

“나의 아내에게 동생이 있는데 용사입니다. 그의 아내가 되어 줄 것을 부탁드립니다.”

그런 다음 용사가 덧붙였다.

“제가 토끼를 데리고 가겠습니다. 할머니도 저와 함께 가시죠.”

“아뇨, 전 가지 않을 겁니다. 둘이서 가세요.” 노파가 대답했다.

그들은 떠났다. 용사는 토끼를 자기 집으로 데리고 갔다. 집에 그의 아내도 노인도 노파도 처남도 있었다. 그는 처남에게 말했다.

“자네에게 신붓감을 데리고 왔네.”

이후 처남은 아내를 데리고 자기 집으로 갔다. 거기서 처남은 살았다. 용사의 동생은 곰의 딸을 아내로 맞았다. 그녀는 동생에게 아들을 낳아 주었다. 그렇게 모두 잘 살았다.

아쿤족

옛날 옛적에 아쿤족은 아쿠강에서 발생했으며 이 강의 하구에 있는 시다키 절벽에서 나왔다. 절벽에는 동굴이 있었다. 아쿠강은 평범한 강이었다. 그 강의 하구에서 아쿤족이 탄생했다. 처음에 남자는 한 명이 존재했다. 아쿤카에게는 두 명의 아내가 있었다. 그들은 거기에 살았다. 그는 한 아내에게서 네 명의 아들을 낳았고 다른 아내에게서 일곱 아들을 낳았다. 그들은 땅이 아직 굳어지기 아주 오래전부터 살았다. 그 청년들은 아쿤족을 이루었고 아쿤족의 원조였다. 네 명의 아쿤의 아들과 일곱 명의 아쿤의 아들이 있었는데 이들이 성장하면서 아내를 찾기 시작했다. 다른 여러 지역에서 아내감을 찾아 결혼했다.

한 아내에게서 낳은 일곱 아들은 아쿠강에 남아서 짐승과 물고기를 잡았다. 때때로 짐승을 찾아 멀리 떠났다. 일부는 아무르강으로 이주했고 일부는 남쪽으로 갔으며 일부는 툼닌강을 따라 거주하면서 여기에 남았다. 그런 여행에서 동포를 찾았는데 물린족, 나문족, 틱테문족, 우데게이족, 나나이족, 울치족, 후툰족, 시오촌코족, 예흐예문족, 비아폴린족, 만족, 푸다족, 그리고 다양한 다른 씨족 출신 사람들을 만났다. 이런 씨족들은 타이가에서 사냥을 하고 짐승을 잡으며 물고기를 낚고 다른 씨족에서 신붓감을 구한다.

당시 아쿤족은 씨족들 중에서 가장 강하고 수가 많았다. 신은 아쿤족을 창조했고 처음부터 두 명의 아내를 가지게 했다. 그러므로 아쿤족은 가장 커졌다. 다른 씨족들의 선조들은 신이 창조할 때 처음에 한 명의 아내만을 주었고 어떤 씨족들은 아내도 없었다. 짐승에게서 바로 탄생한 씨족들도 있었다. 몇몇 씨족들은 툼닌강을 따라 아래로 항해했으며 강의 갈림길에 자리를 잡았다. 그렇게 거기에서는 다른 씨족들이 발생했다.

아쿤족은 살면서 더욱더 커졌고 다른 씨족, 즉 소수거나 가난한 씨족들을 지배하기 시작했다. 지배하는 사람은 모두를 도와주고 물고기를 낚고 식량을 마련하기 위해 짐승을 잡고 재산을 주었다. 이런 씨족들은 아쿤족의 일원이 되었다. 아쿤족의 일원은 후툰족, 푸댜족, 울치족, 시오촌코족이다. 이 씨족들은 오로치의 일원이라고 불린다. 이 모든 씨족들은 아쿤족의 지배를 받았고 그들의 일원이 되었다. 그때부터 다양한 오로치 씨족들은 연합했다. 아쿤족, 후툰족, 시오촌코족은 처음부터 공동체를 이루며 살았다. 이들 모두는 아쿤족의 일원이다. 그러나 나문족, 틱테문족, 물린족, 울렌족, 카댜족, 울치족, 나나이족은 공동체를 이루며 살고 있으며 그들은 나문족의 일족들이다. 당시 가장 강하고 가장 부유한 씨족은 아쿤족, 나문족, 요민족이었다. 아쿤족 가운데 부덴게리라는 이름의 한 남자가 살았다. 이 노인은 오로치 장로였고 모든 오로치족을 통치했으며 그들의 우두머리였다. 예고르카라는 이름의 또 한 노인이 있었다. 그는 오로치족의 재판관이었다. 모든 재판 업무를 맡고 있었다. 그는 부덴게리 다음에 가장 위대한 우두머리가 되었다.

옛이야기

옛날 옛적에 미녀와 용사가 살았다. 용사는 많은 짐승을 죽였고 미녀는 집에서 수를 놓았다. 그녀의 동생은 사슴 사냥을 갔다. 이때 그의 누나에게로 곰이 왔다. 곰은 누나를 데리고 떠났다. 누나는 자기 동생의 토시 한 짝을 가지고 갔다. 동생이 돌아오니 누나가 없었다. 돌아오자마자 자기 누나의 발자국을 따라 걸어갔다. 숲에서 두 마리 새끼 곰이 놀면서 걸어가는 것을 보았다. 새끼 곰들이 그를 보았다. 새끼 곰들이 말했다.

"엄마의 동생이 왔어."

그때 동생은 새끼 곰들에게 자신의 토시 한 짝을 주었다.

"엄마, 동생이 왔어요!"

"너희들은 내가 숨겨 둔 토시를 어디서 가져온 거야?"

새끼 곰들은 다시 동생에게 갔다. 동생은 새끼 곰에게 물었다.

"엄마는 뭐 하셔?"

"자작나무 원형 천막을 만들고 있어요."

"원형 천막을 들고 나에게 가지고 와."

새끼 곰들은 집으로 갔다. 그들은 원형 천막을 이빨로 물고 가지고 왔다. 그들의 어머니도 나왔다.

"왜 이렇게 장난이 심해?"

새끼 곰의 어머니는 자신의 동생을 보았다.

"동생아, 네가 온 거야? 난 곰과 살아. 나의 남편은 곰이야." 누나가 말했다.

동생은 누나 집에서 식사를 했다. 누나는 동생을 숨겼다. 그때 곰이 돌아와서 냄새를 맡았다.

"당신 동생이 왔어? 나를 무서워하지 않아도 돼. 나와!"

동생이 일어났다. 이후 그들은 잠자리에 들었다. 아침에 곰은 타이가로 떠났다. 동생은 누나에게 물었다.

"매형은 어디를 돌아다니는 거야?"

"그이는 붉은 곰과 싸우고 있어." 누나가 대답했다.

"누나, 내가 매형에게 갈게."

"애야, 매형에게 가면 안 돼."

동생은 갔다. 계속 걷다가 두 마리 곰이 싸우는 것을 보았다. 검은 곰과 붉은 곰이 싸우고 있었다. 동생은 화살을 쏘아서 자신의 매형을 죽였다. 붉은 곰은 동생을 보고 말했다.

"너를 언제 만나든 돕겠다."

붉은 곰은 자기 자리로 돌아갔다. 그때 동생은 집으로 갔다.

"누나, 내가 매형을 죽였어." 동생이 말했다.

누나는 말했다.

"내가 너에게 말했잖아, 가지 말라고."

그때 누나는 곰 가죽을 입고 가슴에 장식물을 달고 토시를 끼고 두 아이를 데리고 타이가로 떠났다. 이후 동생은 타이가를 돌아다니다 새끼 곰 두 마리를 데리고 다니는 암곰을 만났다. 동생은 생각했다.

'정말 매번 난 누나를 만나야 할까?'

그는 누나를 다른 암곰으로 생각하고 활을 쏘아 누나를 죽였다. 두 새끼 곰을 잡아서 그들에게 띠를 묶었다. 그런 다음 칼을 뽑아서 암곰의 내장을 꺼냈다. 윗부분의 가죽을 벗기는데 칼이 장식물에 걸렸다.

'아, 아, 아, 내가 누나를 죽였구나.'

그는 상자를 깎아서 누나를 매장했다. 두 마리의 새끼 곰을 집으로 데리고 가서 묶어 두었다. 이후 동생은 사냥을 떠났다. 집에 돌아오니 두 마리 새끼 곰의 대화가 들렸다.

"삼촌의 아궁이를 파자."

그들은 파기 시작했다. 그런 다음 새끼 곰들은 아궁이 아래 구멍 안으로 들어갔다. 거기서 그들은 불의 주인으로 변했다.

멧돼지의 아내

옛날 옛적에 남매가 살았다. 그들에게는 식량이 없었다. 미녀인 누나가 말했다.

"낚시를 가자!"

그들은 낚시하러 갔다. 계속 낚시를 했지만 아무것도 잡히지 않았다. 밤이 왔다. 그들은 집으로 갔다. 그들은 문 앞에서 멈췄다. 누나가 말했다.

"동생아, 네가 먼저 집으로 들어가. 나 무서워."

"아냐, 누나, 누나가 먼저 들어가!"

"무서워 마! 넌 사냥을 가야 하잖아."

"누나, 누나가 나보다 먼저 해와 달을 봤잖아, 집으로 들어가!"

"내가 먼저 들어가기를 원하니 내 허리의 자루를 잡아."

동생은 허리 자루를 잡았다. 누나는 집으로 들어갔고 누나의 자루는 떨어져서 동생의 손에 남았다. 누나는 집에서 악마와 싸웠다. 동생은 눈물을 흘리며 문 옆 밖에서 잠이 들었다. 아침에 일어났다. 동생이 집으로 들어가니 안에는 모든 것이 부서져 있었다. 누나는 없었다. 그때 동생은 다시 잠자리에 들었다. 계속 잠만 잤다. 그런 다음 일어나 밖으로 나가 기슭으로 내려갔다. 내려가니 배가 보였다. 그는 멈춰 서서 생각했다.

'어디로 가야 하지?'

그는 물속으로 배를 밀었다. 배에 탔다. 그는 강물을 따라 위로 가려고 했지만 배는 꼼짝도 하지 않았다. 그는 강물을 따라 아래로 향했고 배는 움직였다. 계속 노 저어 가다가 누나를 만났다. 누나는 물을 길으러 왔다가 자신의 동생을 보고 울었다.

"멧돼지가 나를 데리고 왔어. 난 멧돼지에게 시집갔어."

누나는 동생을 집으로 데리고 가서 숨겼다. 그때 멧돼지가 돌아왔다.

"처남, 나를 무서워 마! 일어나!" 그가 말했다.

동생은 일어났다. 일어나서 매형과 식사를 했다. 식사를 끝내고 동생이 물었다.

"매형, 딸이 태어나지 않았어요?"

매형이 대답했다.

"나에게 딸이 하나 있지만 악마에게 주었어. 그 아이의 남편 이름은 차우하마티야."

"제가 하우하마티에게 갈게요." 동생이 말했다.

"가지 마. 그는 정말 악마야." 매형이 말했다.

"아뇨, 갈 거예요. 악마가 정말 저보다 세요?"

그는 갔다. 계속 걷다가 창고를 발견했다.

"미녀여, 나에게 계단을 내려주세요!"

미녀는 대답했다.

"여기 오지 마세요. 전 악마와 살고 있어요. 악마는 당신을 죽일 거예요. 불쌍한 용사님, 당신은 죽을 거예요."

그러자 동생은 창고로 뛰어 들어가서 문을 잡고 들어갔다.

"내 머리에서 이를 잡아 줘요." 동생이 말했다.

미녀는 이를 잡기 시작했다.

"나의 집안은 위험해졌어요. 불이 바다에서 움직여요." 미녀가 말했다.

동생은 그쪽을 보며 물었다.

"당신 남편이 사람들을 무엇으로 죽이죠? 화살인가요? 창인가요?"

"화살을 쏘아서 죽여요." 미녀가 대답했다.

그러자 불의 고함 소리가 들렸다.

"어떤 악마가 나의 아내에게 온 것이냐?"

불의 악마가 동생에게 말했다.

"가운을 벌리고 가슴을 드러내!"

동생이 가운을 벌리자 미녀는 그에게 말했다.

"왼쪽으로 피해요!"

악마는 동생에게 활을 쏘았다. 동생은 왼쪽으로 피했고 화살을 잡았다. 악마는 말했다.

"제일 하찮은 화살로 쏠 거야."

그러자 동생이 오른쪽으로 피하면서 오른손으로 화살을 잡았다. 그때 그는 포플러 가지를 잡고 활을 만들었다.

"난 너의 낡은 화살을 너에게 쏠 거야. 너의 가슴을 열어! 너의 낡은 화살을 돌려줄 테니."

동생은 쏘았고 그의 가슴을 명중시켰다. 악마는 잠잠해졌다.

"너의 하찮은 화살을 돌려주지. 이쪽으로 얼굴을 돌려서 봐!" 동생이 계속했다.

동생은 활을 쏘았고 화살은 그의 입 안으로 곧장 들어갔다. 그렇게 악마를 죽였다. 동생은 그의 눈을 뽑아서 통째로 집어삼켰다.

"자, 당신 아버지, 어머니에게로 갑시다." 동생이 말했다.

그는 미녀를 데리고 가서 나무 뒤에 숨겼다. 혼자 집 안으로 들어갔다. 집 안에는 멧돼지도 그의 아내도 있었다. 동생이 말했다.

"멧돼지야, 너의 딸을 데리러 가!"

"무서워! 차우하마티가 무서워."

멧돼지가 대답했다. 그러자 동생이 말했다.

"내가 너의 악마를 죽였어."

그때 동생은 차우하마티의 눈을 뱉어 냈다. 멧돼지는 공포에 질려 밖으로 나갔다. 꿀꿀거리면서 갔다. 그는 자신의 딸을 보고 집으로 데리고 들어갔다. 이후 동생은 미녀인 멧돼지의 딸과 결혼했다. 거기서 그들은 살았다. 멧돼지는 타이가로 갔고 자신의 아내를 데리고 갔다. 동생은 아내와 둘이서 그 집에 살았다.

자연의 탄생

옛날 옛적에 자연이 아직 생겨나지 않았을 때 한 여자가 살았다. 그녀는 계속 살다가 임신을 했다. 그녀는 그때 생각했다.

'시간이 되어서 나의 아이가 태어날 거야.'

탄생 시기가 되었는데 아이는 나오지 않았다. 어머니의 자궁에 있으면서 아이가 물었다.

"자연이 완전히 다 태어났나요?"

"자연은 아직 완전히 태어나지 않았단다." 어머니가 대답했다.

그때 1년의 반은 겨울이고 반은 여름이었다. 자연의 탄생은 겨울이 완전히 오지 않았던 그때 끝날 것이었다. 그렇게 아이는 살고 있었다. 어머니는 그를 걱정했다.

'다시 물으면 자연이 이미 태어났다고 그에게 말해야지.'

어머니는 그렇게 생각했다. 그녀는 여러 해 동안 살았고 바로 그때 아이가 다시 자궁에서 물었다.

"자연은 태어나는 것을 끝냈나요?"

그때 어머니는 말했다.

"자연은 이미 태어났어."

아이는 태어났다. 태어나자마자 그는 남쪽을 보았다. 자연의 남쪽은 탄생을 끝낸 것 같았다. 남쪽은 여름 날씨였다. 그다음에 그는 북쪽을 보았다. 보니 거기의 자연은 아직 탄생을 끝내지 않았다. 얼음과 눈이 그대로였다. 그러자 아이는 말했다.

"북쪽 자연은 아직 다 태어나지 않았어요. 전 모든 자연이 태어나는 것을 끝냈을 때 태어났어야 해요. 그런데 자연의 반이 아직 태어나지 않았을 때 전 태어났어요. 좋아요, 지금부터 자연에는 여름도 겨울도 있게 될 거예요. 태어날 인간들은 처음부터 그렇게 살아야 해요. 여름이 오면 그들은 낚시를 하고 겨울에 먹을 식량을 마련하기 위해 물고기를 말릴 거예요. 겨울이 오면 털 짐승을 사냥하게 될 거예요. 지금부터 태어나는 인간들은 그렇게 살아가게 될 거예요."

그 인간이 죽었는지, 살았는지는 알 수 없다. 이 이야기는 선조들이 우리에게 전해 준 이야기다.

땅이 식었을 때

옛날 옛적에 우리 땅이 막 식기 시작했을 때 하다우[4]가 말했던 것처럼 독수리 한 가족과 까마귀 한 가족을 창조했다. 땅이 막 식었을 때 우리 지역은 완전히 물로 덮여 있었다고 한다. 그러므로 까마귀와 독수리는 내내 날아다녔다. 계속 날면서 그 어떤 땅도 발견하지 못했다. 그들은 날다가 바위 조각을 갑자기 발견했다. 독수리가 물었다.

"너 피곤하지 않아?"

"괜찮아, 아직 피곤하지 않아." 까마귀가 대답했다.

"넌 가벼우니 좋겠다. 난 너보다 무거워서 피곤해. 이 바위에 앉자." 독수리가 말했다.

그들은 바위에 내려왔고 거기에서 살기 시작했다. 그들은 거기서 완전히 인간처럼 살았다. 인간같이 독수리는 활과 화살을 만들었다. 그들은 그렇게 살았다. 그다음 독수리에게 아이가 생겼고 아들을 낳았다. 까마귀에게도 아이가

---

4) 하다우 : 오로치, 오로크, 울치, 우데게이에 등장하는 신화 속 인물로 문화영웅이다. 이 인물은 민족에 따라 다양한 명칭으로 불린다. 다음에 나오는 <오래된 전설>이 이 하다우에 관한 이야기다.

생겼고 딸을 낳았다. 그들은 거기서 살았고 그들의 아이들은 성장했다. 아이들은 밖으로 나와서 인형을 가지고 놀았다. 그들의 아버지들은 먹이를 구하기 위해 사냥을 갔고 어머니들은 온갖 집안일을 했다. 그들은 그렇게 살았다. 바로 그때 바다가 생겼고 그들이 살았던 땅도 더욱더 많이 생겨났다. 그다음 땅은 어느 정도 다른 지역에도 생겨나기 시작했다. 언젠가 한번 독수리는 의견을 내놓았다.

"까마귀야, 너와 나는, 너는 까마귀고 나는 독수리로 서로서로 신이야. 그러니 우리가 신이라면 우리 후손들이 존재할 수 있도록 야자수로 울타리를 만들 거야."

그는 이 말을 하고 야자수를 들고 자신과 까마귀 사이에 놓았다. 까마귀는 말없이 듣고 있었다. 독수리는 계속 말했다.

"까마귀야, 이제 너와 나는 다른 존재가 되는 거야. 전에는 서로서로에게 신이 되어 주었지만 이제 야자수로 담을 쌓았으니 신으로서 존재하는 것을 그만둔 거야. 이제 나는 너의 딸을 나의 아들과 결혼시키려고 해. 우리가 저세상으로 갈 때 우리 아이들은 행복하게 살 수 있을 거야. 아이들에게 미리 가르치자. 그래야 떠날 수 있어."

"좋아, 난 나의 활을 야자수와 나란히 놓을 거야. 우리 아이들이 자기가 사는 지역에 이름을 부여할 수 있도록 말이야." 까마귀가 동의했다.

그렇게 말하고 자신의 활을 놓았다. 바다는 더욱더 작아졌고 땅은 더욱더 커졌다. 땅이 점차 확장되던 시기에 오로치족은 '땅이 막 식기 시작했던 때'에 관해서 여러 전설을 통해 이야기했다. 이후 사람들이 태어나기 시작했다. 까마귀가 활을 놓은 장소를 그들은 베히라고 불렀다. 베히족 사람들은 처음에 이 땅에 태어났고 여기서 더욱더 많아졌다. 그렇게 이에 대해 사람들은 말을 한다. 그때부터 다양한 전설이 나왔다.

지금 나는 땅이 어떻게 식기 시작했는지 이야기했다. 이에 대해 다른 전설도 있다. 우리가 살고 있는 땅은 물로 덮여 있었다. 완전히 진흙탕이었다. 여러 세월이 흐르고 물이 사라지기 시작했다. 모든 것이 죽어 갔다. 결국 땅이 나타나기 시작했다. 인간이 태어나기 시작하던 그때에 점차 물에서 땅이 나타났다. 인간과 다양한 동물들이 태어나기 시작했다. 그들 모두는 벌거벗고 있었다. 우리 땅이 아직 물로 완전히 덮여 있었을 때 바다는 요동쳤다. 그렇게 해서 산이 우리 땅에 바다의 파도와 같은 모양이 되었고 우리 지역의 모든 산이 생겨났다. 그렇게 해서 강기슭을 따라 투민산이 솟았고 깊어지고 솟고 깊어지면서 파도 치는 바다 모양이 되었다. 구듀무 계곡이 생겼다. 강을 따라 아래에는 두닌카 계곡이 생겼다. 강을 따라 모든 것이 그렇게 생겨났다. 여러 전설들이 이렇게 생겨났다.

오래된 전설

옛날 옛적에 하다우는 인간을 창조했다. 그는 돌로 불을 지폈다. 돌이 데워졌다. 그러나 인간에게는 옷이 없다. 하다우의 도우미는 개였다. 하다우가 인간에게 말했다.

"가서 너에게 옷을 가져다주겠다."

개에게 말했다.

"내가 떠나 있을 때 이 인간에게 먹을 것을 주면 안 돼. 내가 돌아오면 손수 그에게 먹을 것을 주겠다. 너에게 옷을 가지고 올 거야. 그러면 인간은 죽지 않고 영원히 아프지도 않을 거야."

하다우는 떠났다. 그가 떠난 후 개는 인간에게 계속 먹을 것을 주었다. 하다우가 돌아왔는데 인간은 먹고 있었다. 인간은 이미 배가 불렀다. 하다우는 돌아와 개에게 말했다.

"왜 인간에게 먹을 것을 주었느냐? 이제 넌 개로 살게 될 것이다. 인간이 먹고 남은 뼈를 먹게 될 것이다. 난 이 인간에게 옷을 가져다주려 했다. 발톱처럼 강한 그런 옷을 말이다. 그러나 이제 난 화가 나서 그에게 옷을 주지 않을 것이다."

하다우는 개에게 화를 내며 말했다.

옷 대신에 하다우는 인간에게 발톱만 주었다.

"이제 가운을 입도록 해라."

그런 다음 하다우는 말했다.

"세 개의 해가 있을 때 인간은 살 수 없을 것이다. 땅은 불타고 돌도 철처럼 녹을 것이다. 난 두 개의 태양을 죽일 것이다."

그는 두 개의 태양에 화살을 쏘았다. 하나의 태양만 남았다. 이후 괜찮아졌다. 인간은 장작으로 불을 지피기 시작했다. 이제 인간은 낚시를 하고 짐승을 잡고 그렇게 먹거리를 충당했다. 인간은 오랫동안 그렇게 살았다. 그때 여자가 태어났다. 인간은 둘이 되었다. 여자 하나, 남자 하나. 그러자 남자가 말했다.

"우리는 따로 살 수 없을 거요. 난 당신에게 장가를 가겠소."

"만약 나와 결혼하기를 원한다면 이 반지를 손가락에 끼워요."

여자가 대답했다. 남자는 말없이 듣고 여자는 말을 이었다.

"저기에 바위가 두 개 있어요. 한쪽 바위에 당신이 서 있고 전 다른 바위에 서 있을 거예요. 제가 반지를 당신에게 던질 거예요. 만약 당신이 이 반지에 손가락을 끼워 넣으면 당신에게 시집가겠어요. 만약 당신이 못 맞히면 우리는 결혼하지 못해요."

여자가 반지를 던졌다. 남자는 반지에 손가락을 바로 끼웠다. 그러자 여자는 그에게 시집을 갔다. 그렇게 그들은 살았다. 그러다 그들에게 아이들이 생겼다. 남매였다. 그들은 그렇게 오랫동안 살았다. 아이들은 성인이 되었다. 진짜 성인들이 되었다. 그들이 다 자랐을 때 아버지가 말했다.

"너희는 다른 장소에서 살게 될 것이다."

그들은 다른 장소에 정착해서 살았다. 아이들이 태어났다. 그들의 아이들이 성인이 되었다. 자랐을 때 아버지가 그들을 다른 씨족이 되도록 새로운 장소로 보냈다. 그들은 자신들만의 씨족이 되었고 사돈을 맺으려는 쪽에서 아가씨를 요청하기 시작했다. 이후 인간들은 각각의 씨족을 형성하면서 살게 되었다.

철의 용사

옛날 옛적에 미녀 하나가 살았다. 그녀는 완전히 남자처럼 살았다. 사냥을 가고 많은 순록을 잡았으며 낚시를 하고 많은 새를 활로 잡았다. 그러나 여자로 변해서는 옷과 신발을 지었다. 순록을 잡아서 여자가 되어 식사를 준비했고 생선으로 음식을 만들었다. 언젠가 미녀가 말했다.

"왜 난 이렇게 많은 짐승과 물고기를 잡는 거지? 나에게는 이것으로 먹여 살려야 하는 부모도 없는데."

다음 날 아침에 미녀는 남자처럼 옷을 입고 눈길 닿는 곳으로 갔다. 멀리 걸어갔다. 계속 가다가 집을 발견했다. 그 집에 들어갔다. 집에는 또 한 사람의 미녀가 살았다. 여주인은 찾아온 미녀를 잘 먹였다. 미녀는 많이 먹었다.

"우리 집에서 하룻밤을 묵고 가세요!" 여주인이 말했다.

미녀는 하룻밤을 신세 지기 위해 남았다. 여주인은 남자로 분장한 미녀 옆에 잠자리를 깔았다. 그러나 남자로 분장한 미녀가 말했다.

"내가 빨리 걸을 때는 여자들과 자면 안 됩니다. 그건 죄를 짓는 일이라고 생각되거든요. 돌아오면 그때 당신과 잠자리를 하겠습니다."

남자로 분장한 미녀가 일어나 떠났다. 오래 걷다가 타이가에 노부부가 살고 있는 곳에 도착했다. 이때 노인은 뭔가를 박고 있었다. 그 노인은 솜씨가 상당히 좋았다. 남자로 분장한 미녀는 노인에게 부탁했다.

"나에게도 무엇이든지 박아 주세요!"

노인은 아무 대답도 하지 않고 말없이 집게로 미녀의 한가운데를 집고 모닥불에 집어넣었다. 그리고 소리쳤다.

"여보, 풀무질해!"

노파는 불을 불기 시작했다. 노파는 9일을 밤낮으로 불었다. 미녀는 흔적도 없이 다 타 버렸다.

"아이, 야, 야, 그녀의 철이 다 탄 것 같군." 노인이 소리쳤다.

이후 그는 모닥불을 뒤적였다. 거기서 아주 조그마한 철조각을 찾았다. 노인은 큰 메로 그 철을 두드렸다. 인간과 같은 뭔가를 만들었다. 손, 발, 머리가 있는 남자를 만들었다. 작업을 끝내고 나서 아내에게 말했다.

"여보, 와서 봐! 아마도 그에게는 어딘가 부족한 점이 있을 거야."

노파는 보고 말했다.

"틈이 있네요. 바로 여기가 망가질 수 있어요."

그때 노인은 다시 그를 모닥불에 놓았고 노파는 9일 밤

낫을 풀무로 불을 지폈다. 노인은 다시 찾아서 철 조각을 발견했다. 조각은 좀 더 커졌다. 노인은 두드리기 시작했다. 일을 끝내고 다시 노파를 불렀다.

"가서 다시 봐."

노파가 보니 하나의 틈도 없었다. 주의 깊게 살펴보았는데도 괜찮았다. 노인은 안심했다. 그는 그가 만든 인간의 다리를 잡고 모닥불 주위에서 아홉 번 돌렸다. 그는 던지기 전에 말했다.

"만약 네가 강한 남자가 된다면 머리를 위로 해서 두 발로 서게 될 것이다."

그가 던지고 보니 남자는 머리를 위로 하고 섰다. 노인은 말했다.

"이제 나의 집으로 가!"

남자는 노인의 집으로 갔다. 거기에는 노파가 앉아 있었다. 노파의 가슴은 하나였다. 남자는 노파의 가슴을 잡고 빨기 시작했다. 계속해서 빨았다. 한 번 빨자 손가락에 기름기가 생겼다. 젖을 계속해서 빠니 크고 건강한 인간이 되었다.

"나는 이미 너의 목소리를 들은 때를 잊었다. 난 하다우의 아내다. 난 모든 인간을 만든다." 노파가 말했다.

이후 철 인간은 노인이 먹을 짐승을 많이 잡았다. 노인은 기뻐했다. 남자는 그들 집에서 살고 난 후 집으로 돌아갔다.

가는 도중에 미녀를 찾았다. 미녀는 그를 더욱더 잘 먹였다. 남자는 이 미녀와 결혼하고 그녀의 집에서 살게 되었다. 계속 살다가 그들에게 아들이 태어났다. 그러자 남자는 집으로 돌아갔다. 그의 아내인 미녀가 보니 남자는 여자가 해야 할 일을 하고 있었다. 그의 재산은 남자의 것도 여자 것도 있었다. 남자는 그렇게 살았다. 그의 아들은 성인이 되었고 아버지는 완전히 늙었다. 아들은 성장해서 사냥하기 시작했다. 부모는 잘 살았다.

우다카

옛날 옛적에 우다카의 형은 순록을 사냥하러 배를 타고 갔다. 활과 화살을 들고 작은 만으로 향했다. 어두워졌다. 한밤중에 어떤 아름다운 아가씨가 그에게 말했다.

"순록이 방목되고 있어요. 기름진 순록이 방목됩니다."

그는 순록을 보았다. 순록을 향해 화살을 쏘았다. 그런 다음 순록의 내장을 꺼내 집으로 가지고 갔다. 우댜카는 강으로 내려가 물었다.

"형, 어디서 순록을 잡았어? 나도 거기 갈 거야."

"순록이 너를 보면 놀랄 거야." 형이 대답했다.

우다카는 계속 걸었다. 거기서 저녁에 자리에 앉았다. 한밤중에 아가씨가 말했다.

"순록은 산에서 내려와 방목되고 있어요."

우다카는 활과 화살을 잡고 소리쳤다.

"아가씨, 왜 소리쳐서 순록을 놀라게 하는 거죠?"

이미 날이 밝았다. 순록은 도망갔다. 우다카는 아무것도 잡지 못했다. 그는 집으로 돌아왔다. 형이 물었다.

"우다카, 뭐 새로운 것 있어?"

우다카가 대답했다.

"아가씨가 순록을 겁줬어."

그런 다음 그들은 형이 잡은 순록을 먹었다. 그들은 그 순록을 다 먹어 치웠다. 배가 고파졌다. 형이 먹을 것을 구하러 갔다. 형은 망을 들고 떠났다. 작은 만에 망을 놓았다. 날이 어두워졌지만 물고기는 없었다. 앉아 있었다. 한밤중에 아가씨가 말했다.

"우댜카의 형님, 집으로 가서 자작나무의 껍질을 벗기세요. 자작나무 껍질로 물고기 형상을 조각하세요. 그리고 색칠을 하세요. 그런 다음 망을 놓고 당신이 만든 물고기 형상을 물속에 던지세요."

우댜카의 형은 자리를 떴다. 잠시 후 그는 다시 망을 놓으러 갔다. 그는 물속에 그가 만든 물고기 형상을 던졌다. 한밤중에 아가씨가 말했다.

"우댜카의 형님, 물고기를 많이 잡고 잠자리에 들지 마세요!"

이후 형은 물고기를 많이 잡았다. 물고기는 그가 그린 물고기와 닮았다. 그는 집으로 갔다. 우댜카가 말했다.

"형, 어디서 물고기를 잡았어?"

"작은 만에서 잡았어." 형이 대답했다.

"형, 나도 작은 만에 낚시하러 갈 거야."

"우댜카, 가지 마! 작은 만을 온통 더럽힐 거야."

우댜카는 자작나무 배를 타고 갔다. 작은 만에서 우댜카는 망을 놓았다. 한밤중에 아가씨가 말했다.

“가서 물고기 형상을 만드세요.”

“저기 어떤 악마가 소리치는 거지?” 우댜카는 소리쳤다.

그는 소리친 아가씨를 향해 화살을 쏘았다. 그런 다음 물고기 없이 집으로 갔다. 형이 물었다.

“뭐 새로운 거 있어?”

“아가씨가 소리쳐서 물고기를 잡지 못했어.”

“이제 굶게 생겼군. 죽을지도 몰라.” 형이 말했다.

그렇게 그들은 살았다. 그들은 형이 잡은 물고기를 먹었다. 그들은 거기서 그렇게 살았다. 우댜카의 형은 사냥을 하러 갔다. 보니 한 임시 막사에 아가씨가 살고 있었다. 그는 그녀를 아내로 삼았다. 우댜카는 장작을 준비하고 그의 형은 순록을 사냥했다. 형수는 강에 물을 길으러 갔다. 우댜카는 장작을 가지고 왔다. 그때까지 형수도 형도 아직 돌아오지 않았다. 우댜카는 집으로 돌아와서 생각했다.

‘난 형을 죽일 거야.’

그는 형이 자는 자리에 구멍을 파고 깔개로 덮었다. 형수가 먼저 돌아왔다. 우댜카는 형수에게 말했다.

“뭐 좀 먹고 싶어요. 뭐든 만들어 주세요!”

형수는 요리를 시작했다. 솥의 음식이 끓기 전에 형이 돌아왔다. 그는 자기 자리에 앉아서 식사를 했다.

"나 피곤해." 형이 아내에게 말했다.

아내가 대답했다.

"쉬세요!"

그러자 남편은 자기 자리에 누웠고 떨어져 의식을 잃었다. 한참 후에 정신이 들었다. 보니 그는 강을 따라가고 있었다. 개를 만났다. 개가 말했다.

"나 배고파."

그는 칼을 꺼내 막대를 뾰족하게 만들었다. 강으로 내려갔다. 그는 물고기를 잡아서 개에게 말했다.

"실컷 먹어."

그런 다음 강 상류로 갔다. 어느 집에 외로운 할머니가 살고 있었다.

"당신은 왜 이 지역에 왔소?" 할머니가 물었다.

그가 대답했다.

"왜 왔는지 저도 몰라요. 바닥에 눕자 의식을 잃었어요."

할머니는 그에게 먹을 것을 주었다. 그는 그것을 먹었다. 할머니가 물었다.

"도중에 개를 만났나요?"

"제가 물고기를 잡아서 개를 먹였어요."

그러자 할머니가 그에게 물었다.

"당신은 어떤 장소를 찾고 있나요?"

할머니의 집 뒤 벽에 어두운 틈이 있는데 문은 밝았다. 바로 그때 할머니가 말했다.

"밝은 장소가 필요한가요? 만약 밝은 장소를 찾고 있다면 문간에 서세요."

그는 문간에 섰다. 할머니는 그의 등을 쳤고 그는 순간적으로 위로 날아올랐다. 거기에는 태양도 달도 빛나고 있었다. 그는 구멍을 통해 자기 집으로 돌아갔다. 우다카는 장작을 가지러 갔고 아내는 물을 길으러 갔다. 우다카가 소리쳤다.

"형이 돌아왔어!"

우다카는 다시 장작을 가지러 갔다. 형이 집으로 돌아오면서 우다카의 자리에 구멍을 파고 그것을 덮었다. 우다카가 돌아왔다.

"나 피곤해."

형이 그에게 말했다.

"누워서, 쉬어!"

우다카는 떨어졌다. 곧 정신을 차리지 못했다. 그는 개를 만났다. 개가 말했다.

"우다카, 배고파."

우다카는 막대기를 들고 개를 찔렀다. 그런 다음 할머니 집에 도착했다.

"당신은 왜 왔나요?" 할머니가 물었다.

"저에게 먹을 것을 주세요."

그러나 할머니는 다시 그에게 물었다.

"당신은 밝은 장소가 필요한가요? 개를 만났나요?"

"만나서 때려 줬어요."

"우댜카, 당신은 밝은 장소가 필요하세요, 어두운 장소가 필요하세요?"

우댜카가 말했다.

"전 어두운 장소가 좋아요. 밝은 장소는 필요 없어요."

그러자 할머니가 말했다.

"우댜카, 뒤의 벽 쪽으로 가세요."

할머니는 우댜카를 때렸고 그는 사라졌다. 그의 형과 형수는 그렇게 살았다.

스멜차크 야두리

옛날 옛적 어떤 지역에 많은 사람들이 살았다. 사람들은 각자 자기 집에서 살았다. 거기에 아주 어리석은 사람이 하나 있었다. 그는 아무것도 이해하지 못했다. 그의 이름은 스멜차크 야두리였다. 그는 식량, 의복, 신발이 없어서 헐벗고 다녔다. 부모도 없었다. 그는 혼자 오랫동안 외롭게 살았다. 어느 날 그는 부자에게 가서 식량을 요구했다. 그들은 그에게 아무것도 주지 않았다. 그는 울면서 저쪽으로 걸어갔다. 그는 집집마다 다니면서 먹을 것을 구걸했다.

"먹을 것을 주세요."

아무도 주지 않았다. 그는 오랫동안 걸었다. 이미 저녁이 되었다. 그때 그는 한 할머니를 만났다. 할머니가 그에게 말했다.

"스멜차크 야두리, 너의 집으로 가자."

"우리 집에는 음식도 옷도 없어요." 스멜차크 야두리가 대답했다.

"괜찮아, 사람들이 먹으면 우리도 먹고 사람들이 옷을 찾으면 우리도 찾을 거야." 노파가 말했다.

스멜차크 야두리는 할머니를 자기 집으로 데리고 갔다.

할머니는 한쪽 바닥에 누웠고 스멜차크 야두리는 다른 쪽에 누웠다. 그가 밤에 잠이 깨서 보니 할머니 대신에 아름다운 아가씨가 있었고 할머니는 없었다. 아가씨는 태양처럼 빛났다. 그는 아침에 일어났고 그의 집은 완전히 좋아졌다. 모포도, 침대도, 베개도, 옷도, 신발도 모두 있었다. 그때 아가씨가 말했다.

"스멜차크 야두리, 오늘 집집마다 돌아다니지 마세요. 우리 집에 식량이 많아요."

스멜차크 야두리는 가지 않았다. 그의 아내는 온갖 음식을 만들어 주며 말했다.

"오늘 정오에 저의 아버지가 올 거예요. 아버지가 들어오면 아버지에게 절을 하세요. 저도 절을 할 거예요."

노인이 나무 지팡이에 의지해서 왔다. 노인은 크고 힘이 좋았다. 스멜차크 야두리는 그에게 절을 했고 아가씨도 절을 했다. 그때 노인이 말했다.

"난 너와 이 아가씨, 즉 내 딸을 7년 동안 찾아 헤맸다. 스멜차크 야두리, 네가 나의 딸과 결혼했느냐?"

노인이 딸에게도 말했다.

"넌 왜 가난한 사람과 결혼했느냐? 결혼했다면 그와 살아라."

그런 다음 노인은 덧붙였다.

"넌 물의 왕국 여왕이 될 것이다." 노인은 스멜차크 야두리를 보았다. "넌 천둥의 왕이 될 것이다. 스멜차크 야두리, 넌 봄, 한여름과 가을에 나의 딸을 방문하게 될 것이다."

노인은 말을 끝내자 집 안에서 사라졌다. 스멜차크 야두리는 밖으로 나가 구름 위에 있는 노인을 보았다. 그는 집 안으로 들어가 말했다.

"난 이웃들에게로 갈게."

"가지 마세요. 전 곧 바다로 떠나야 해요. 만약 제가 여기 오래 있으면 아버지가 화를 내실 거예요." 아내가 그에게 부탁했다.

그녀는 말을 마치고 사라졌다. 스멜차크 야두리는 종이를 들고 가위로 말을 오렸다. 그런 다음 입김을 후 불었다. 그의 말은 밖으로 튀어나와 힝힝거렸다. 스멜차크 야두리는 말에 올라탔고 그 말은 날개를 달고 구름 위로 올라갔다. 그는 아내에게 봄, 한여름, 가을에 날아갔다. 그의 아내는 커다란 바다와 작은 바다 사이의 바다 섬에 살았다. 아내는 바다의 여주인이 되었다. 물고기 가죽을 닦아서 바다에 비늘을 던졌다. 그녀는 비늘을 많이 던졌고 그러면 물고기가 많아졌다. 적게 던지면 물고기가 적어졌다. 그녀는 바다짐승, 바다 정령, 바다 물고기 들을 다스렸다. 스멜차크 야두리는 바람, 천둥, 비를 관장했다. 그들은 그렇게 살았다.

복톤고

옛날 옛적 요민족 출신의 복톤고는 씨족의 반목 시대에 살았다. 복톤고는 아내와 동생 부부와 살았다. 어느 날 가을에 그들은 사냥을 떠났다. 순록과 곰을 많이 잡았다. 그들의 아내들은 자신의 일을 했다. 그들은 온갖 일을 많이 했다. 생선을 말리고 짐승 가죽을 말렸다. 남편들은 노루와 토끼도 잡았다. 형의 아내가 말했다.

"당신들은 왜 그렇게 많이 잡는 거예요? 싫증나요!"

그들은 겨울을 타이가에서 보냈고 봄에는 집의 배로 돌아왔다. 여름에는 툼닌강 위에서 살았다. 그런 다음 다시 가을 사냥을 위해 후투강으로 떠났다. 둘만 떠났고 아내들은 집에 남았다. 그들은 타이가에 많은 덫을 놓았다. 그러나 수확은 적었다. 음식을 들고 가는 것은 고통이었다. 그들은 배가 너무 고팠다. 복톤고의 동생이 타이가로 갔다. 그는 타이가를 돌아다니다 검은 들꿩 두 마리를 잡았다. 그 꿩들을 허리에 찔러 넣었다. 그때 어떤 초막을 보았는데 그 안에는 모닥불이 타고 있었다. 거기에 노부부와 아가씨가 살고 있었다. 그들에게는 개가 호랑이였다. 아주 거대한 호랑이였는데 머리가 크고 꼬리가 가늘고 길었다. 개는 으르렁거렸다.

노인이 아가씨에게 말했다.

“가서 보거라!”

그녀가 보려고 나왔다.

“손님이 왔어요.” 그녀가 말했다.

“들어오시라고 해.” 아버지가 말했다.

그러자 복톤고의 동생은 초막으로 들어갔다. 노인은 그에게 말했다.

“복톤고에게 개를 하늘에 바치기 위해 데리고 가라고 전해 주오. 지난가을에 그의 아내가 왜 죽이냐고 지겹다고 말했잖소? 당신이 그렇게 말한 대가로 하늘은 당신들에게 식량을 주지 않는 것이오. 복톤고에게 개를 불쌍하게 생각하지 않아도 된다고 말하시오. 당신은 우리 집에 오래 있지 마시오. 우리는 호랑이들이오.”

동생이 밖으로 나오자 아가씨가 말했다.

“등에 검은 꿩 수컷이 있어요.”

그때 뭔가가 그를 잡아당겼다. 그가 뒤를 보니 거기에 아무것도 없었고 심지어 초막도 없었으며 다만 나무만, 타이가만 펼쳐져 있었다.

‘집으로 가야겠어. 뭘 먹지? 식량도 없는데.’ 그가 생각했다.

그는 집에 도착해서 형에게 말했다.

“어떤 사람을 만났어. 그가 형이 하늘을 위해 사냥개를 죽여야 한다고 말했어.”

복톤고는 개를 죽였다. 반은 먹고 다른 반쪽은 하늘에 바치는 제물로 썼다. 이후 덫을 보러 갔다. 순록이 많이 잡혔고 덫마다 순록이 있었다. 복톤고는 동생과 배를 타고 돌아갔다. 자신의 아내가 있는 집으로 돌아갔다. 어느 날 복톤고는 타이가로 떠났고 이때 니브흐족이 습격했다. 한 니브흐인이 복톤고의 아내를 잡아 데리고 떠났다. 다른 사람들에게서 니브흐인이 와서 아내를 데리고 갔다는 소식을 알게 되었다. 그들은 그가 그녀를 데리고 가는 것을 보았다. 복톤고는 이후 오랫동안 살았고 2년을 살았다. 그런 다음 아내를 찾기 위해 아무르로 떠났다. 아무르에 사는 사람들이 그에게 말했다.

“당신 아내는 니브흐인과 살고 있소. 당신 이름이 복톤고인가요?” 그에게 물었다.

“제가 복톤고입니다.”

그런 다음 그는 니브흐인에게 갔다. 살금살금 걸어갔다. 그의 아내를 데리고 사는 니브흐인은 집에 없었다. 복톤고의 아내는 아이를 달래고 있었다.

“봐, 복톤고가 우리를 쫓아왔어, 자장자장, 울지 마, 자장자장. 복톤고가 우리를 찾아내서 죽일 거야. 자장자장.”

복톤고가 밖에서 그 소리를 들었다. 그런 다음 집 안으로 들어가 자신의 아내를 죽이고 그녀의 아이도 죽였다. 그는 스키를 타고 떠났다. 니브흐인들은 많은 개를 묶어서 복톤고의 뒤를 따랐다. 그들이 보니 그는 아무르를 건넜고 기슭으로 나가 숲으로 갔다. 그들은 개를 타고 가는 것이 힘들었고 나무 사이를 지나가는 것이 힘들었다. 니브흐인들은 돌아서 집으로 갔다. 니브흐인이 말했다.

"자작나무 칼집을 가지고 다니는 사람은 모두 죽이자!"

복톤고는 집으로 가서 말했다.

"내 말을 들어. 내 아내는 아이에게 자장가를 불러 주면서 복톤고가 우리를 쫓아올 것이며 쫓아와서 죽일 것이라고 말하더군."

복톤고는 그렇게 살았고 니브흐인들은 그때부터 자작나무 칼집을 들고 있는 사람을 보면 죽였다.

해 설

오로치 설화

<여우와 왜가리>, <여우>, <까마귀>는 동물담, <일곱 영웅>, <미녀>, <느게티르카>, <너구리>는 일상담, <영웅 돌로누카누>, <세르샤바야 플레시>, <뱀 악마>는 영웅담에 해당한다. <하다마하>, <옛이야기>, <멧돼지의 아내> 이야기는 토템과 관련된 신화이며 <두 미녀>는 샤먼과 관련된 신화이고 <우댜카>, <스멜차크 야두리>, <복톤고>는 자연에 깃들어 있는 정령에 관한 신화이며 <자연의 탄생>, <땅이 식었을 때>, <오래된 전설>, <철의 용사>는 우주 창조 신화에 해당한다. <아쿤족>은 씨족이 탄생하게 된 전설이다. 이 전설에 등장하는 씨족은 오로치 민족을 구성하는 고대의 민족을 엿볼 수 있는 자료가 될 수 있다.

<여우와 왜가리>는 이야기가 사슬처럼 이어져 있으며 이런 이야기는 다른 퉁구스-만주족 계열의 민족, 즉 나나이, 예벤키, 예벤의 구전설화에서 흔히 볼 수 있다. <여우> 역

시 오로치, 나나이, 울치에 널리 알려진 이야기이며 여기에 등장하는 새는 예벤키에서는 '치노코'라고 불리는데 이 이야기에서는 '탁탁새'라는 명칭으로 불렸다. 노인 카 역시 나나이인 이야기에서도 등장한다. 여우가 나타나 모아 두었던 생선을 다 먹어 치우는 이야기는 순록을 사육하는 민족들 사이에서 널리 퍼져 있다. <까마귀>는 동물담으로 분류되어 있지만 사실 아무르강 유역의 민족들, 고아시아족에서 까마귀는 신화적 동물이다. 천체와 지구의 발생, 민족의 발생과도 연관된다. 그러나 이 이야기에서는 미녀의 동생이 미녀와 결혼하고 싶어 하는 이야기로 시작한다. 오로치인 사회에서는 근친혼은 허용되지 않는다. 그러므로 동생의 결혼 요구를 피하기 위해 까마귀와 결혼하게 된다. 이런 이야기를 통해 오로치인의 문화와 생활을 볼 수 있다는 점에서 민담은 중요한 사료가 된다.

<일곱 영웅>, <미녀>는 아내의 도리에 관한 교훈을 담고 있다. 나쁜 아내와 착한 아내를 대비해 아내는 어떻게 처신해야 하는지를 보여 준다. 이와 유사하게 가족 안에서의 헤게모니 싸움은 <너구리>에서 볼 수 있다. <너구리>에서는 올케가 집안의 권력을 쥔 시누이에게서 그 권력을 빼앗기 위해 시누이를 제거한다. 이 민담에서 시누이가 권력을 쥐고 있다는 것은 모계의 힘이 아직 남아 있음을 보

여 주는 증거다. 재미있는 사실은 올케의 이름이 만듀라코인데 이 이름의 어원은 오로치인이 만주인과 중국인을 부르는 명칭이라는 점이다. 만듀라코가 착한 시누이를 제거하는 과정에서 보이는 잔인함과 교활함에서 오로치인이 만주인과 중국인을 어떻게 여기는지를 알 수 있다.

<느게티르카>는 우리의 옛이야기 '나무꾼과 선녀'와 흡사하다. 일곱 백조가 등장하고 막내는 백조 옷을 빼앗겨 하늘로 날아오르지 못하다가 아이를 낳고 우연히 자신의 백조 옷을 발견해서 도망간다는 내용이다. '나무꾼과 선녀' 유형의 이야기는 광포설화에 해당하며 특히 나나이, 예벤키 등 이 지역의 민족 설화에 자주 등장한다. 또 <너구리>는 우리의 옛이야기 중 하나인 '손 없는 색시'와 유사하다. '손 없는 색시' 유형의 이야기 역시 광포설화로서 러시아, 북아시아 소수민족은 물론이고 유럽에도 널리 퍼져 있다. <셰르샤바야 플레시>는 <개구리 왕자>와 유사한 이야기다. 그러나 <개구리 왕자>가 개구리로 변한 왕자의 이야기라면 <셰르샤바야 플레시>는 반대로 개구리가 된 공주의 이야기를 다루고 있다. <느게티르카>와 <너구리>, <셰르샤바야 플레시>는 이류교혼설화에 해당하며 특히 <셰르샤바야 플레시>는 한국의 이류교혼설화에서도 볼 수 있듯이 사라진 아내, 즉 곰을 찾아 이계로 떠나는 남편이

아내를 되찾아오는 모험담을 다룬다.

< 영웅 돌로누카누 > 는 전형적인 영웅담의 구조를 그대로 따른다. 이런 유형의 영웅담은 퉁구스-만주 계열의 민족들 사이에서는 흔히 나타나며 < 영웅 돌로누카누 > 는 이름에서부터 영웅으로서의 강함을 드러낸다. 돌로누카누의 어원인 '돌로(ΔëΛΟ)'는 '돌'이라는 뜻을 지닌다.

토템과 관련된 신화들은 곰과 여성의 관계를 다룬 것이 가장 많으며 '하다마하'는 곰의 이름이다. 또한 곰과 함께 호랑이도 신화에 자주 등장하는데 < 복톤고 > 에서는 짐승의 신령인 호랑이가 등장한다. 곰과 호랑이가 신화에 등장하는 점은 한국의 단군신화와의 연관성에 대해 생각해 볼 여지를 준다. 퉁구스-만주 계열의 민족들에게는 개 역시 중요한 존재다. 개를 희생 제물로 사용하며 사육해서 먹기도 한다. < 복톤고 > 에서는 개를 하늘에 바치는 의례가 나온다.

이와 관련된 샤먼 신화도 있는데 이는 샤먼과 관련된 신화다. 샤머니즘은 오로치는 물론이고 시베리아 소수민족 정신문화로서 중요한 역할을 해 왔다.

이런 샤머니즘의 발전은 자연과 우주의 생성과 운용 원리와 연관된다. 오로치인은 자연과 우주에는 초자연적인 신령들이 존재한다고 믿었고 이런 사실들은 신화와 전설에 드러난다. 이런 이야기에 자주 등장하는 대표적인 신은 하다우다. 하다우는 그리스 신화에서 프로메테우스와 같은 역할을 했다. 최고의 신은 엔두리로 하늘의 신이며 하다우는 엔두리의 아래의 신으로 인간과 동물을 창조하고 인간이 살아갈 수 있는 모든 것을 제공한 문화영웅이다. 그러므로 엔두리보다 인간과 밀접하게 연관된 하다우에 관련된 신화가 대부분이다. 그 외에도 <스멜차크 야두리>에서는 스멜차크 야두리가 어떻게 바람, 천둥, 비를 관장하는 신이 되었는지를 설명한다.

오로치인의 기원과 삶

많은 설화를 지니고 있는 오로치인은 오로치인 또는 오로촌인이라고 불리는 민족으로 자신들을 칭할 때는 나니라고 한다. 땅이라는 뜻의 '나(на)'와 사람이라는 뜻의 '니(ни)'가 합쳐진 말인 '나니'는 나나이어에서 유래한 것으로 알려져 있다. 러시아의 하바롭스크 변강주, 아무르강 유역, 연해주, 쿠릴 열도, 사할린섬 및 일본의 북해도에 거주하는 민족으로 오로치어를 사용했다. 현재는 대부분의 오로치인이 러시아어를 사용하며 여덟 명만이 오로치어를 구사할 줄 안다고 한다. 오로치인은 퉁구스-만주족에 속하며 2010년 인구

조사에서 러시아 내 거주자 수가 약 600명이었으며 그중에서 400명이 하바롭스크 변강주에 거주한다.

오로치인의 전통 산업은 극동 지역의 다른 토착 민족들과 마찬가지로 수렵, 어로, 채집이었다. 이와 연관되어 여름과 겨울의 주거가 달랐다. 겨울용 가옥은 반지하 통나무집이고 여름에는 맞배지붕을 씌운 통나무집이었다. 오로치인은 손재주가 뛰어났다. 특히 오로치인 대장장이는 명성이 높았다. 그들은 간단한 도구만을 사용해 섬세한 작업을 훌륭하게 해냈다. 오로치인의 전통 수공예로는 금속 가공, 목재 가공, 자작나무 껍질 공예, 썰매나 스키 제작을 들 수 있다.

오로치인 역시 다른 민족들처럼 자연에 존재하는 여러 신령을 숭배하는 의식을 행했다. 이 중에서도 한국의 단군 신화에 등장하는 곰과 호랑이와 유사한 숭배의 흔적을 찾을 수 있다. 오로치인은 호랑이와 곰을 종족의 시조이자, 최고 신을 보좌하는 존재로 여겼다. 곰 숭배와 곰 제의는 아무르강 유역의 민족들에서 흔하게 발견된다.

설화는 민족의 문화와 생활, 관습 등 모든 것을 보여 주는 중요한 자료다. 한국에 북아시아, 특히 아무르강 유역의 민족들이 중요한 이유는 많은 부분에서 한민족 설화에 나타나는 문화, 세계관 등과 그들의 그것이 매우 닮아 있기 때문이다. 그러므로 이 지역 민족들의 설화는 고대 한민족의 연구에도 도움이 될 수 있다. 그런데 안타깝게도 이 지역의 설화들이 점차 소멸되어 가며 설화를 간직한 민족들도 사라져 가고 있다. 그런 의미에서 북아시아(시베리아) 소수민족의 설화를 번역하는 작업은 향후 이 지역의 설화를 연구하고 고대 한민족과의 연관성을 밝히는 데 기초 자료가 된다는 점에서 중요하다.

옮긴이에 대해

박미령은 현재 한국외국어대학교에서 '그림책' 관련 프로젝트를 수행하고 있으며 역서로는 공동으로 번역·출간한 ≪러시아 여성의 눈≫, ≪러시아 추리 작가 10인 단편선≫이 있다. 논문으로는 <지배 이데올로기와 영웅서사시 브일리나>, <Comparative Analysis of Korean Folktale *The wonderful Serpent Bridegroom* and Russian *The Feather of Finist the Falcon* of the Type *Cupid and Psyche*>, <소비에트 제국 이데올로기의 토착화를 위한 아동문학의 역할: 20-30년대 그림책과 포토몽타주를 중심으로> 등이 있다.

오로치인 이야기

작자 미상
옮긴이 박미령
펴낸이 박영률

초판 1쇄 펴낸날 2018년 11월 13일

지식을만드는지식
02880 서울시 성북구 성북로 5-11 (성북동1가 35-38)
전화 (02) 7474 001, 팩스 (02) 736 5047
출판등록 2007년 8월 17일 제313-2007-000166호
전자우편 zmanz@commbooks.com
홈페이지 www.commbooks.com

ZMANZ
5-11, Seongbuk-ro, Seongbuk-gu, Seoul, 02880, KOREA
phone 82 2 7474 001, fax 82 2 736 5047
e-mail zmanz@commbooks.com
homepage www.commbooks.com

ISBN 979-11-288-3110-2
979-11-288-3111-9(큰글씨책)
979-11-288-3112-6(PDF 전자책)

책값은 뒤표지에 있습니다.

문학

한국 ≪포의교집≫ 외

일본 ≪바다에서 사는 사람들≫ 외

고대 그리스 ≪히폴리투스≫ 외

독일 ≪길쌈쟁이들≫ 외

스페인 ≪위대한 술탄 왕비≫ 외

유럽 ≪로칸디에라≫ 외

중남미 ≪네루다 시선≫ 외

중국 ≪서상기≫ 외

아시아 ≪물고기 뼈≫ 외

영국/미국 ≪빨래≫ 외

프랑스 ≪홍당무≫ 외

러시아 ≪유리 나기빈 단편집≫ 외

아프리카 ≪아딜리와 형들≫ 외

퀘벡 ≪매달린 집≫ 외

예술

미술 ≪예술에 관한 판타지≫ 외

연극 ≪풍자화전≫ 외

한국문학선집

한국문학의 어제와 오늘을 총정리하는 사상 초유의 기획

초판본 한국소설문학선집
한국 근현대문학 120년, 대표 작가 120명의 작품집 101권

한국문학평론선집
한국 대표 문학평론가 50인의 평론집 50권

한국희곡선집
문학성과 공연성이 입증된 한국 대표 희곡 100권

한국동화문학선집
한국 아동문학사에 기록될 동화작가 120명의 작품집 100권

초판본 한국시문학선집
한국 근현대문학 120년, 작고 시인 101명의 작품집 99권

한국수필문학선집
한국 대표 수필가 50인의 수필집 50권

한국 대표 시인의 육필시집
한국 시단을 주도하는 시인들이 직접 쓴 시집 80권

한국동시문학선집
한국 동시의 역사이자 좌표, 동시작가 111명의 작품집 100권

단행본

≪고려 후기 한문학과 지식인≫ 외